江世银／编著

# 探索经济学的路径

The Way to Exploring Economy

社会科学文献出版社

SOCIAL SCIENCES ACADEMIC PRESS (CHINA)

# 作　者　简　介

　　江世银，男，1965 年 9 月生，四川泸县人。获中国人民大学经济学博士学位和西南财经大学金融学博士后证书、中央财经大学金融学博士后证书。美国乔治亚大学访问学者。曾任四川省资阳市经济技术开发区副主任。获四川省劳动模范、四川省优秀博士后等荣誉称号。享受国务院政府特殊津贴专家，四川省有突出贡献的优秀专家，四川省学术和技术带头人。四川省专家评议（审）委员会委员，四川省首届领导干部考评专家，中国人民银行成都分行特聘专家。国家自然科学基金、国家社会科学基金通讯评审专家。四川大学锦城学院兼职教授。现为中共四川省委党校二级教授。

　　主持了 4 项国家社科基金课题、2 项四川省哲学社科重点课题和省学术技术带头人培养资金重点项目、2 项中国博士后科学基金课题，合作了 5 项国家社科基金和国家软科学课题，主持、合作了 10 多项其他课题研究。

　　已在 20 多个省区市的《经济研究》《经济学动态》《金融研究》《财贸经济》《当代经济研究》《改革》《经济理论与经济管理》和《人民日报》《光明日报》等 100 余家报纸杂志上发表学术论文 150 余篇（核心期刊占 2/3 以上），人大复印资料、《新华文摘》、《中国社会科学文摘》和《高等学校文科学术文摘》等全文转载、论点摘编 10 余篇，CSSCI 收录论文（来源文献）38 篇（1998～2009 年）。

## 三　新思路的经济学分析

# 四　经济学理论与实践中的结合

# 五　科学发展和政策建议

# 六　杂记

# 自　序

我曾经于2006年出版过学术论文集。无论如何，当时都还不是时候，因为出版学术论文集是具有非常丰富的学术经历并取得了创新性成果的老专家做的事情，对于像我这样的中青年的探索者来讲，这样做的价值还不是很大。不过，在持续进行的学术研究过程中，我自然有了一些想法和看法。这些想法和看法就是我在进行经济学探索之外的一些感悟和思考。为了让读者深刻了解我在经济、金融学科上所进行的艰辛探索，我将过去同行专家对本人有些著作所写的序言、书评及评论，自己所写著作的前言、后记以及对有些学者理论观点的评价及书评、政策建议等结集出版（自认为价值不大和找不到的除外），书名取为《探索经济学的路径》。之所以这样取名，就是为了说明本书的主要内容是我在进行经济学学术探索以外的很多想法和看法。这样做的目的是让同行知道我进行了哪些探索，有哪些观点，存在哪些不足，但愿这种做法对同行或感兴趣的同志有一些帮助和启发。

我的经济学研究经历了三个阶段。第一阶段是1991年以前的时期。这个时期主要是学习《资本论》和西方经济学。有一些研究笔记，对许多经济理论和经济现象有了初步的认识，公开的著述较少。第二阶段是1991～2010年的20年时期。这个时期主要是运用所学的经济学基本原理研究中国现实的宏观经济金融学问题。其调研力求结合中国实际，对经济发展中的重大现实及热点问题的认识逐步深入。这一阶段我主持了几个国家和省部级课题，出版了几本个人学术专著，发表了100多篇论文，获得了几项省部级奖。研究成果不仅受到同行关注，而且也受到实际工作部门决策参考的重视。第三阶段是2010年后的时期。除继续主持两个国家课题外，这个时期主要是不断地参加成果评审、发展规划、可行性论证、论文指导与答辩、决策咨询、学术报告和研究反思。反思获得了哪些认识、存在哪些不足以及今后对于提高认识水平的改进措施。

多少年来，对于经济学的学习与研究使我明白，既要有学习、调研的种种客观条件，也要有个人的主观努力才能提高自己的认识。回忆起魏礼群老师把我招进中国人民大学攻读经济学博士学位以来，我既得到了他和苏星老师、钟契夫老师、王广谦老师和刘锡良老师的亲手指点，又得到了众多同行的有益帮助，还得到了领导和同事们的大力支持，更有夫人李长咏、女儿江泽晟的充分理解。是他们的指点和帮助才让我能获得较多、较快的认识。当然，个人也需要努力。进行学习研究的时光，我是在争分夺秒中过去的。还是在商务印书馆出版的《中国资本市场预期》第384～385页中的那句话，"在外面世界很精彩的今天，要想真的学点和写点东西，是很需要有点坐冷板凳精神的。……我已记不清有多少个日子的挑灯夜战、奋笔疾书了，童年生存的艰辛锤炼了我今天顽强的进取意志。"反思之一，在刻苦研究的时候，我忘记了对身体的爱护，不仅不锻炼，而且经常一坐就是半天。个人的肥胖和各项体检指标的偏高就是由此来的。看来今后还要工作、身体双丰收才是胜利，长时间的辛苦调研与坐冷板凳将告一段落。反思之二，个人显得有些浮躁，经常想一下就把纷繁复杂的经济现象认识清楚，有那么简单吗？个人要淡薄名利，非下苦功夫不可。

长期以来，我对经济学具有浓厚的兴趣，包括理论经济学和应用经济学。虽然我在这方面的建树不多，但我在不断地思索。我在经济学上的研究主要集中在区域经济学、金融学两个应用经济学分支学科和预期理论等理论经济学方面。在区域经济学领域，主要将区域经济学与产业经济学结合起来进行研究，关注区域产业方面的发展与调控问题。例如，区域产业结构的调整、主导产业的选择、区域战略性产业结构的布局、区域产业的承接和转移等。在金融学领域，主要将预期理论与金融问题结合起来进行研究，关注金融发展中的预期问题。例如，中国资本市场预期、预期作用于金融宏观调控的效率、预期理论在宏观经济中的应用、通货膨胀预期管理等。总的来看，研究的特点是寻找经济学分支学科的边缘进行综合研究。

在区域经济学方面，我主持过 5 个课题研究，出版过 4 本书，发表过 40 多篇论文。在区域经济学领域的代表作为：2004 年在上海三联书店出版的《区域产业结构调整与主导产业选择研究》和 2007 年在中国人民大学出版社出版的《西部大开发新选择——从政策倾斜到战略性产业结构布局》。主要的创新观点是：区域产业结构的调整过程也是主导产业选择的过程；落后地区在不同发展阶段需要不同产业结构支撑的区域经济发展阶段论等许多独到的见解。

在金融学方面，我主持过 3 个课题研究，出版过 3 本书，发表过 30 多篇论文。在金融学领域的代表作为：2005 年在商务印书馆出版的《中国资本市场预期》、2009 年在中国财政经济出版社出版的《中国金融体制改革的理性思考》和 2010 年在中国金融出版社出版的《预期作用于金融宏观调控的效率》。主要的创新观点是：中国的资本市场是一个受预期普遍影响的市场；中国的最优金融体系是政府主导下充分发挥市场机制作用的金融体系；金融宏观调控的效率高低深受预期影响等许多原创性的理论和观点。

在预期理论方面，我主持过 3 个课题研究，出版过 3 本书，发表过 20 多篇论文。在预期理论与预期问题领域的代表作为：2007 年在经济科学出版社出版的《预期理论史考察——从理性预期到孔明预期》和 2011 年在人民出版社出版的《预期理论在宏观经济中的应用》。主要的创新观点是：首次提出了孔明预期概念；预期理论在宏观经济中有着广泛的应用等许多创新性观点。

学习和研究经济学，就是要透过复杂的社会现象，揭示客观经济过程所固有的规律性。这种学习和研究没有捷径，非要下苦功不可。为了让读者能清楚地知道我在宏观金融经济学上所作的真实学习和探索体会，特别是让读者知道同行专家对我本人学术观点的看法和评价，是如何帮助我进步的（绝大多数已公开发表），除去修改个别文字和标点外，文章一律保持原样。

对于老前辈、好领导、同事和同行们无论在学业上还是在做人上所给予我的指点和帮助，我都是铭记在心的。我感谢老前辈的无私指点、领导们的大力支持、同事们的殷切关心和同行们的热切关注，并要学习他们身上的这些宝贵精神。当然，我也应该感谢家人李长咏和江泽晟的理解和帮助。

# 一

## 有中国特色的社会主义经济探索

# 对社会主义市场经济的有益探索<sup>*</sup>

党的十四大把我国经济体制改革的目标确定为建立社会主义市场经济体制。为了实现这一目标，学术界和实际工作部门开展了广泛的探讨和研究，理论随实践的发展而不断地深化，对市场经济的研究著述之广、论述之深是前所未有的。然而，许多理论难以在实际中操作。但著名经济学家苏星教授的《论社会主义市场经济》一书既进行了大胆的理论探索，又具有实践的操作性。

综观全书，共有六大部分。作者从马恩的预言开始，探讨了它与现实的差距。马恩预言，社会主义社会将不存在商品和货币。但是，在现实生活中，没有哪一个社会主义国家能够消灭商品和货币。作者认为，对于社会主义制度下商品货币问题的认识，全世界的马克思主义者都走过一段曲折的路程。只有实践的发展才改变了马恩的论断。列宁、斯大林的社会主义经济实践并没有拘泥于传统的观念。中国在这个问题上曾发生过两次迷误，都被实践所否定。进入二十世纪八九十年代，人们才逐渐澄清了在这个问题上的模糊认识。这并不是实践有多少改变，而是人们的认识随实践的发展而提高了。

社会主义经济是商品经济，这是理论界长期认识的结果。但对商品

---

* 苏星：《论社会主义市场经济》，中共中央党校出版社，1994。

此文发表于《北京社会科学》1996年第1期。原文题目为《评〈论社会主义市场经济〉》。

经济，不同的人在不同的时期对它的认识是极不相同的。几十年来，国内外的经济学者就这个问题发表了无数的专著和论文，学说林立、争执不下。作者通过几十年潜心的研究，从社会主义经济实践中找到了社会主义经济是商品经济的答案。公有制和非公有制之间的交换、公有制经济之间的交换可以从马克思主义原理中找到现成的答案。社会分工，所有制不同，必然要通过交换。但全民所有制经济内部也必然存在商品生产和商品交换，作者已经不是从马克思主义原理中去寻找教义，而是根据现实的经济实践进行了回答。作者的观点是：由于存在着社会分工这个商品经济的基础和实行按劳分配（而按劳分配又需要通过商品交换来实现）这两个主要原因，所以社会主义经济仍然是商品经济。既然是商品经济，无论工农之间、还是工业内部都不能搞无偿调拨，必须实行等价交换，即按照商品经济的规律办事。

建立社会主义市场经济体制，这是党的十四大报告正式提出的，是我党对计划与市场关系长期认识的结果。作者对此问题进行了探讨。作者认为党的十一届三中全会以来，经济体制问题的理论发展不是客观实际有了什么变化，而是人们的认识更加符合客观实际。经过十多年来的改革，在我国，计划直接管理的范围显著缩小，市场调节的作用大大加强，在东南沿海和内地某些地区早已提出以市场调节为主的目标；以公有制为主体的多种经济成分并存的所有制结构已经形成，而且要长期稳定；要扩大对外开放，面向国际市场。因此，提出建立社会主义市场经济体制已经是水到渠成的事，并非是人们主观意志的产物。正是如此，作者就市场经济、社会主义市场经济、社会主义市场经济体制提出了自己独到的见解。他这样认为："市场经济是完全的市场调节（虽然实际上很难做到）；市场调节则是不完全的市场经济"（该书第78页）。所谓市场经济，就是对生产和流通不作计划，让它根据市场供求变化进行生产和调节的经济。而社会主义市场经济就是社会主义条件下的市场经济，就是在坚持以公有制为主体的条件下实行的市场经济。"在我国，搞市场经济肯定能够成功，因为市场经济是大势所趋，但社会主义市场经济能否成功，关键看能否坚持公有制为主体。如果不能坚持公有制为主体，那就和其他国家的市场经济没有区别了"（该书第 79 页）。可见，作者是非常强调公有制为主体这个根本原则的。建立社会主义市场经济体制是通过人们的主观努力并遵循客观规律（主要是市场经济规律）来进行的，就是要使市场在社会主义国家宏观调控下对资源配置起基础性作用。这种体制包括现代企业制度、市场体系、宏观调控体系、收入分配制度和社会保障制度等基本框架。作者认为，有了这个框架，"在某种程度上也可以说，我们的经济体制改革，已经结束了'摸着石头过河'的阶段，架起了一条通往彼岸的桥梁"（该书第 80 页）。

转换国有企业经营机制一直是作者近年来探讨的重点。作者根据他多年来调查搜集的国有大中型企业的历史和现实材料，指出目前国有大中型企业缺乏活力的原因既有外因又有内因，而且现在内因是主要的。外因有包括新旧体制过渡带来的一系列问题：企业无力扩大再生产；国有企业税负高于其他经济成份，债务增加，社会负担沉重，摊派太多，有所谓"四马分肥，效益转移"现象，即利润大量向税赋、利息、补贴、摊派四面转移；加之政府职能转变迟缓，政企不分，对企业干预过多等等。内因包括企业领导思想观念滞后于市场经济发展；企业内部劳动人事、工资制度改革推不开；管理混乱；决策失误；领导人素质低，班子内耗严重。这些因素必然造成企业亏损，缺乏应有活力，但并非像有的人说的那样是公有制企业注定搞不好，非得改变所有制不可。作者紧接着分析了私有化的实质，指出不能把国有资产私有化，不能变全民所有制为各级政府所有，也不能把它变为企业所有制。正确出路在于转换国有企业经营机制，这是建立社会主义市场经济体制的中心环节。他认为：
"国有企业经营机制转换的快慢，将决定我们建立社会主义市场经济体制的进程。"① 具体说来，就是建立适应市场经济要求、产权清晰、权责明确、政企分开、管理科学的现代企业制度。在苏星看来，当前着重应当进行产权制度改革；政企分开、落实企业自主权；使企业成为投资主体；改革工资制度；理顺企业领导体制，有分别、有步骤地实行公司制。

---

① 苏星：《我对社会主义市场经济的认识》，1993 年 2 月 3 日《中国教育报》。

# 论社会主义市场经济

苏 星 著

*江吉铭同志指正*

*苏星*

*一九九五年五月*

中共中央党校出版社

·北 京·

建立社会主义市场经济体制，必须培育和发展市场体系。市场体系，是以消费品和生产资料等商品市场为基础，包括金融市场、劳动力市场、房地产市场以及技术信息市场的总和，是互相联系互相依存的统一体。作者分别就以上几个市场展开了论述。对于商品市场，从流通领域看他认为应该继续深化价格改革，发展工农之间、城乡之间的商品流通，扩大国内市场，形成公平竞争的全国统一市场，使国内市场与国际市场接轨，根据商品流通的需要，构筑大中小相结合的多种经营形式和方式、功能完备的市场网络。作者分析论述了金融市场的现状及对策，坚决反对建立新的商业银行，他认为"比较实际的办法是，在办好现有商业银行的同时，加快专业银行改革的步伐，使它们逐步转变为商业银行"（该书第122页）。对于劳动力市场，他认为进行劳动力交易不会产生剥削制度，就是国有企业也不例外，因为劳动力新创造的剩余产品价值是归劳动者所有的，而不是归资本家或其他剥削者。

社会主义市场经济是社会主义国家宏观调控下的市场经济。宏观调控，主要是国家通过财政、金融政策（包括外汇政策）和计划指导，达到国民经济的总量平衡。不管是资本主义市场经济，还是社会主义市场经济都需要宏观调控，这是当代世界经济运行所证明了的。他认为，实现宏观调控，必须协调宏观经济政策，建立综合运用各种经济杠杆比较完善的宏观调控体系，以此保持经济总量的基本平衡、经济结构优化，从而达到国民经济和社会的协调发展。要保持总量平衡，必须做到社会总供求平衡，积累与消费的平衡以及财政收支、信贷收支、外汇收支和物资的综合平衡；要使经济结构优化，必须安排好工农业增长速度，调整好基础产业和整个经济发展、一般产业和支柱产业、一二三产业间的比例关系；要使国民经济和社会协调发展，光靠市场调节是不可能解决好的，必须要有政府的宏观调控措施。政府对国民经济的宏观调控，主要是采取经济办法，其主要手段包括紧松的财政政策、金融政策的交替使用和搭配使用，并辅之以必要的计划管理。这样，社会主义市场经济就会良性运行和协调发展。

总之，这部专著有许多独到见解，有相当的理论深度，操作性也强，但这并不排除有些问题还值得进一步探讨。正如作者在《序》中所说的："这是一本学术性的书，一不求体系的完整；二不求回避学术观点的分歧，如果同行们愿就某一问题开展讨论，我将非常欢迎。"（该书第1页）比如，作者在指出当前我国国有大中型企业的出路时提出了要改革工资制度，调动职工积极性的主张。"国有企业的工资制度非改革不行了"（该书第105页）。怎样改革呢？通过提高劳动生产率提高工资水平，这是完全正确的，符合我国的客观实际。"但是，工资增长和劳动生产率增长有哪个在先、哪个在后的问题。这就涉及经营思想：是提高劳动生产率——提高工资；还是提高工资——提高劳动生产率"（该书第 106 页）。苏星同志主张："根据国内外先进企业的经验，应当采用后一种思路，即从改革工资制度入手，促进劳动生产率提高"（该书第 106 页）。我曾与作者讨论过，我不敢完全赞同这种主张。因为企业并非提高了工资就能提高劳动生产率，而且提高工资会导致消费基金膨胀，从而产生通货膨胀。这点确实值得探讨。

但是，通观全书，这确实是一本难得的佳作。

# 2

## 建设有中国特色社会主义经济[*]

魏礼群教授的《建设有中国特色社会主义经济》一书由中国经济出版社于 1999 年 1 月出版，"主要是 90 年代以来根据党和国家在各个时期对改革开放和经济建设方面作出的重大部署和方针政策进行的应用理论和对策研究，侧重从理论和实践的结合上思考与阐述问题。"作者紧紧把握时代发展的脉搏，对建设有中国特色社会主义经济的理论和实践问题作出深入的探索。通观全书，该著作主要包括五大部分，即"邓小平经济理论与建设有中国特色社会主义经济、深化改革与建立社会主义市场经济体制、坚持和完善对外开放、加快经济发展与转变经济增长方式、新的发展观与社会全面进步"。

作者以邓小平经济理论与建设有中国特色社会主义经济为起点，深刻阐述了学习邓小平经济理论的重要意义。作者认为，邓小平经济理论是当代中国的马克思主义政治经济学，是建设有中国特色社会主义经济的伟大指针。作者着重论述了邓小平经济理论中几个最重大的创新性理论，主要包括关于从社会主义初级阶段基本国情出发进行经济建设的理论，关于社会主义及其本质的理论，关于我国实行社会主义市场经济的理论，关于社会主义经济改革开放的理论，关于我国社会主义经济发展

---

[*] 魏礼群：《建设有中国特色社会主义经济》，中国经济出版社，1999。

此文发表于《经济学动态》1999 年第 9 期。原文题目为《〈建设有中国特色社会主义经济〉简介》。

战略的理论，这是邓小平经济理论体系大厦五根最主要的支柱。

建设有中国特色社会主义经济就是在社会主义条件下发展市场经济，不断解放和发展生产力，这是党的十五大报告及时总结新理论的伟大成果。作者从所有制关系、经济体制、分配制度和对外开放四个方面揭示了"四个坚持和完善"，即坚持和完善以社会主义公有制为主体、多种所有制经济共同发展的基本经济制度，坚持和完善社会主义市场经济体制，坚持和完善按劳分配为主体的分配方式以及坚持和完善对外开放，积极参与国际经济合作和竞争。作者特别强调我国改革坚持公有制、按劳分配为主体条件下实行社会主义市场经济体制和对外开放的重要性。

建立社会主义市场经济体制，这是我党对计划与市场关系长期探索并科学总结的结果，作者结合长期的工作实践对此问题进行了全面的探讨。要建立起社会主义市场经济体制，首先必须很好地研究一般市场经济运行的规律和法则，同时要研究我国在经济上、政治上的显著特征。作者尤其关注有中国特色社会主义市场经济中计划手段存在的原因、性质、地位、作用、任务、重点、形式和方法等，认为"实行社会主义市场经济，绝不是不要国家计划，而是要国家计划；计划手段不是可有可无，而是必须成为重要的组成部分；计划任务工作不是轻了，从一定意义上说是更重了。同时也说明了计划工作必须按照社会主义市场经济的要求，解放思想，更新观念，转变职能，改进方法。""我国社会主义市场经济是有计划的市场经济，而不是排斥计划指导的市场经济；我国计划手段是以市场经济为运行基础的，而不是违背市场经济规律的计划手段。"作者得出这样的认识，是他长期在计划部门供职，深刻地理解不要市场的计划经济体制的弊端，而不要计划的市场经济体制同样不可取。

对外开放是我国一项长期的基本国策。改革开放以来，我国对外开放无论是广度还是深度都取得了巨大的成就。但如何进一步扩大对外开放、努力提高对外开放水平、研究制定新形势下的对外开放战略，这也是该书密切关注的重点问题。逐步扩大对外开放地域、努力开拓和利用外资领域、积极扩展对外经济贸易和深化外贸体制改革，这是扩大对外开放的有效办法；而进一步发展全方位、多层次、宽领域的对外开放格局，提高外贸发展水平和质量效益，提高利用外资水平，加大技术引进力度，积极探索跨国经营，完善涉外经济法制，加大执法检查力度，这是作者在研究新形势下对外开放战略面监的重点问题。

加快经济发展和转变经济增长方式是作者近几年来研究的另一个重点。作者对加快经济发展的意义、条件和因素等作了充分的论证，特别是对转变经济增长方式的必要性、基本方向、要求、主要环节作了创新研究。

此为魏礼群同志于1999年5月22日给作者写的回信。作者为他于1999年1月在中国经济出版社出版的《建设有中国特色社会主义经济》写的书评，发表于《经济学动态》1999年第9期。

最后，作者根据有中国特色社会主义经济发展的要求，论述了新的发展观和推动社会主义全面进步的重大意义。为了完善中国社会发展的总体框架，更加深入地探讨我国社会主义发展的方向和途径，作者从多方面阐述建立中国社会主义全面发展的战略构想，包括建立"经济活动主要靠市场，社会发展主要靠政府"的总体调控战略；中国社会发展的战略目标，应当建立在持续发展的基础之上；坚持经济与社会的协调发展；20世纪末的基本目标是进入"小康社会"；根本目的在于提高全国人民的生活水平和质量，加强社会主义精神文明建设，寻求和维系"环境与发展"的广义平衡；发挥政府调控体系作用与必须促进发展观念的转变及发展模式的正确选择。可以说，这种社会发展观是有中国特色社会主义经济独特的发展观。它深刻地体现了作者在新发展观上的独到见解。

总之，这部著作有许多独到见解，有相当的理论深度，操作性也强，确实是一本难得的融学术性与实践性于一体的佳作。但这并不排除该书中提到的有中国特色社会主义经济还是粗线条的，建设有中国特色社会主义经济本身就是一个实践过程，对此的认识就有待于进一步深化。难能可贵的是作者表示："继续研究和探讨建设有中国特色社会主义经济中的一系列理论和实践问题，仍然是我今后矢志不渝追求的目标。"作者长期在综合经济部门和政策研究部门担任职务，一直潜心研究建设有中国特色社会主义经济，我们期盼作者有关建设有中国特色社会主义理论和实践研究的更多佳作早日问世。

# 3

# 一部研究消费经济的创新力作<sup>*</sup>

西南财经大学出版社出版的"财经博士文库"中，王云川博士的《消费需求的宏观调控》是一部很有创新性的学术专著。宏观调控不仅在投资需求、区域经济发展方面需要进行，而且在消费需求方面同样如此。消费需求宏观调控是国民经济宏观调控体系的组成部分，是市场经济条件下总需求管理的重要形式。对消费需求进行调控的必要性是由它在宏观经济运行中的地位和作用决定的——它是宏观经济运行中最重要的需求因素。正是如此，研究消费需求的宏观调控具有重要的理论意义和实践参考价值。

该书对消费需求宏观调控的研究，是在中国居民消费需求形成机制急剧转变，对居民个人消费需求形成明显冲击的背景下展开的，它对中国消费需求形成机制考察的时间范围为 1978 年实施改革开放政策以后，而考察的重点放在 20 世纪 90 年代中期以后。全书既重点突出，又详略得当。其研究内容丰富，思路清晰。

该书分为三大部分共七章。第一部分探索消费需求与经济增长。考察作为宏观经济变量的居民消费需求总量波动与消费需求结构变化对经济增长的影响，包括第一、二、三章。第一章题为"关于消费需

* 王云川：《消费需求的宏观调控》，西南财经大学出版社，2003。

此文发表于《消费经济》2004 年第 5 期。原文题目为《一部研究消费经济的创新力作——评王云川博士的〈消费需求的宏观调控〉》。

求的理论"，主要集中于马克思关于消费的理论、西方经济学关于消费需求的理论和社会主义国家关于消费需求的理论。马克思的理论从经济活动的内在联系揭示了消费在社会生产中的地位及其实质，是我们研究的指导思想。西方经济学关于消费函数及影响消费需求的各种因素的研究，对消费需求的运动规律作了大量描述，形成了许多有用的分析工具，具有重要借鉴意义。第二章是"消费需求总量对经济增长的影响"。消费需求是国民经济中一个重要的减缓经济波动的因素，同时，也是拉动经济增长的主要力量。作者认为必须通过加强消费需求宏观调控，尽快改变 20 世纪 90 年代后期以来我国最终消费率和居民消费率及居民边际消费倾向下降的趋势。这是很有针对性和现实意义的。第三章是"消费需求结构对经济增长的影响"。他说，消费需求宏观调控主要是对消费需求结构中弹性较大的需求发生作用，调控的效果取决于居民用于满足基本生活需要的支出在居民可支配收入中所占的比重。

第二部分分析消费需求宏观调控的微观基础。这是王云川博士跳出消费问题来研究消费需求宏观调控。它由消费者行为方式和影响与制约消费者行为的各种经济机制和非经济因素构成。对消费需求宏观调控的微观基础的分析包括第四、五章。第四章是"消费者行为的特征及其对消费需求的影响"。第五章是"体制因素和非经济因素对我国消费者行为的影响与制约"。作者提出消费者在外部因素约束下形成的行为方式是消费需求宏观调控的微观基础。这是与众不同的新认识。

第三部分提出消费需求宏观调控政策的选择。讨论消费需求宏观调控的政策取向及调控体系的建设。这一部分包括第六、七章。第六章是"消费需求宏观调控的对象及目标"。消费需求宏观调控目标的选择必须服从总需求调控的需要，根据总需求调控的目标决定消费需求宏观调控的方向和力度。消费需求宏观调控的核心问题是对居民消费倾向的调控。第七章是"消费需求宏观调控的主要工具及非经济机制的运用"。本章探讨了消费需求宏观调控的价值取向，提出在我国的消费需求宏观调控中，注重对低收入阶层的扶持，不仅仅是一个社会公平的问题，而且对提高调控的效果也具有重要作用。

该书具有众多的创新点，是研究消费需求宏观调控的一部前瞻性著作。它的出版，必将促进消费经济学和宏观经济调控研究向着纵深方向拓展。

# 4

# 与时俱进的社会主义经济理论研究*

50 年来，苏星从未停止过经济理论研究。他主要做了两件事：一是传播和阐释马克思主义政治经济学基本理论；二是结合实际研究中国社会主义经济问题。

苏星对社会主义经济理论的研究，是围绕大力发展商品经济这个重大现实问题展开的，涉及的内容很多，诸如公有制为主体、全民所有制内部的商品关系、社会主义制度下的价值规律和生产价格、计划与市场关系、市场经济、住宅的商品属性和住房制度改革、城市发展、农村经济、国有企业改革、社会主义的再生产和资金运动、新中国经济史等等。对于这些问题，他坚持以马克思基本理论为指导，紧密结合我国社会主义建设和经济改革的实际，与时俱进，提出了许多具有创造性的见解。他的理论建树，既有基本理论方面的，又有现实应用方面的。现仅就他从事社会主义经济理论研究 50 年来的创新成果进行简要的述评。

## 一  劳动价值论一元论理论

劳动价值论，是商品经济的理论。它是资产阶级古典经济学派的伟大发现。马克思完成了科学的劳动价值论，创立了劳动二重性学说，以

 *  此文发表于《学术界》2004 年第 1 期。原文题目为《与时俱进的社会主义经济理论研究——苏星从事经济理论研究五十年成果述评》。

劳动二重性的原理为依据，科学地阐明了商品生产的基本规律——价值规律。马克思把价值和交换价值作了科学的区分，揭开了货币产生的秘密，阐明了价值规律在简单商品生产和资本主义商品生产条件下的不同表现形式，把价值和生产价格严格区别开来。只有在简单商品生产条件下，商品是按照它的价值或者接近于价值进行交换的。在资本主义条件下，价值便转化为生产价格。如果按照商品的价值进行交换，在有机构成不同的条件下，不同部门的资本就会得到数量不等的剩余价值，利润率也不一样。在这种情况下，不同部门的资本家就会展开激烈的竞争，资本会从利润率低的部门抽走，投入利润率较高的部门。价值转化为生产价格，是通过部门之间的竞争对剩余价值的重新分配，使等量资本获得相等的利润率。它并未违背价值规律。

苏星认为马克思的价值理论，是劳动创造价值的一元论。它是几千年来人类探索、认识商品经济理论的结晶，是我们研究价格问题、进行价格改革的理论基石。"当今世界，还没有任何一种理论能够像它那样反映商品经济的本质和规律性，更不要说取代它的科学地位了。"[1]

商品的价值量决定于社会必要劳动时间，对怎样理解社会必要劳动时间，从 20 世纪 20 年代初一直到今天，国内外看法不完全一致。苏星认为马克思的价值理论是发展的，但他坚持只有第一种涵义的社会必要劳动时间决定价值。第一，马克思所说的另一种意义上的必要劳动时间，是指按比例分别用于各个特殊生产领域满足社会需要所必要的劳动时间。按比例分配社会劳动的必要性，存在于一切社会形态。第二，在商品经济条件下，使用价值和价值的矛盾，在市场上表现为价值与价格的背离。他赞成的看法是：马克思所说的另一种意义上的社会必要劳动时间，只是与价值的实现有关，而与价值决定无关。第三，按照价值规律的要求，如果某种商品的价值不能完全实现，即价格低于价值，生产这种商品的生产部门的资本就会转向价格高于价值的部门。资本转移的结果，这种商品减少，价格会随之上升，从而使部门之间的比例逐步协调起来。这

---

[1] 苏星：《苏星自选集》，学习出版社，2002，第 405 页。

也就是我们通常说的价值规律对生产的调节作用。

有人以马克思所讲的三种生产条件（中等的、较坏的、较好的）都可以决定市场价值作为依据，来证明第二种含义的社会必要劳动时间也决定价值，从而得出了否定劳动价值论的结论。他认为根据不充分，主要在于混淆了创造价值与转移价值。在一般情况下，一个部门的平均生产条件下生产的、构成该部门很大数量的那种商品的个别价值，就成为市场价值。较坏或较好条件所生产的商品"构成该部门很大数量"，在这种情况下，较坏或较好的生产条件便成为社会正常生产条件，这仍然属于原有含义的社会必要劳动时间决定价值。不坚持第一种涵义的社会必要劳动时间决定价值，就难免步入理论误区。所以，苏星认为非劳动生产要素不能决定价值，新劳动价值一元论实际上是多元论。

## 二 商品经济理论与市场经济理论

对商品经济，不同的人在不同的时期对它的认识是极不相同的。几十年来，国内外的经济学者就这个问题发表了无数的专著和论文，学说林立、争执不下。苏星通过几十年潜心的研究，从社会主义经济实践中找到了社会主义经济是商品经济的答案。公有制和非公有制之间的交换、公有制经济之间的交换可以从马克思主义原理中找到现成的答案。社会分工，所有制不同，必然要通过交换。但全民所有制经济内部也必然存在商品生产和商品交换，他已经不是从马克思主义原理中去寻找教义，而是根据现实的经济实践进行了回答。他的观点是：由于存在着社会分工这个商品经济的基础和实行按劳分配（而按劳分配又需要通过商品交换来实现）这两个主要原因，所以社会主义经济仍然是商品经济。既然是商品经济，无论工农之间、还是工业内部都不能搞无偿调拨，必须实行等价交换，即按照商品经济的规律办事。党的十四大以后，苏星陆续写了不少有关建立社会主义市场经济体制的文章。本想写一本论文集，但为了内容不重复，他写了一本《论社会主义市场经济》的小册子。一方面，该书力图用马克思主义的经济理论分析社会主义市场经济理论。有人认为，我国搞市场经济了，马克思的经济理论没有用了。针对这种观点，苏星作出了回答。马克思的《资本论》是研究资本主义经济运动的规律的。资本主义经济是商品经济最发达的形式，马克思对商品经济运动规律的研究，达到了以前所有经济学家没有达到的高峰。由于商品经济和市场经济有共同的运动规律，马克思关于商品经济的理论也适用于市场经济。这不仅指价值规律，也包括剩余价值规律、平均利润率规律的理论，等等。这就是说，马克思的经济理论对于建立社会主义市场经济体制仍然具有指导意义。另一方面，该书从实际出发，坚持实践是检验真理的标准。对于在计划经济体制下出现的问题，认为是由于计划经济体制受到破坏，或者主观违背计划经济所应遵循的客观规律所造成的。

对计划经济体制的功过，要做历史分析。应当肯定，计划经济体制在我国建设过程中确实起过重要的积极作用。但是，在改革开放过程中发现，高度集中的计划经济体制也确有很难克服的弊端。苏星认为它的主要弊端是：第一，计划一直管到企业，其后果一是把企业管死了，企业没有经营自主权，一切都听计划的；二是形成了一个庞大的经济管理机构，现在已经成为政企职能分开的障碍。第二，计划价格长期固定不变，只能靠计划调整，其后果一是商品供过于求，出现积压；求过于供，出现脱销。由于许多商品供不应求，只好凭票、凭证供应。二是造成商品品种减少，质量下降。产品的样式十年一贯制，是因为价格十年一贯制。苏星认为要进行改革，一方面实行政企分开，政府原则上不再经营管理企业，使企业自主经营；另一方面放开价格，使绝大部分商品的价格由市场供求调节。这实质上就是逐步用市场经济体制代替计划经济体制。改革的结果是市场空前繁荣，人民生活日益改善，大家对此是很满意的。

正是如此，党的十四大把我国经济体制改革的目标确定为建立社会主义市场经济体制，它是我党对计划与市场关系长期认识的结果。为了实现这一目标。学术界和实际工作部门开展了广泛的探讨和研究，理论随实践的发展而不断地深化，对市场经济的研究著述之广、论述之深是前所未有的。然而，"许多理论难以在实际中操作。但《论社会主义市场经济》一书既进行了大胆的理论探索，又具有实践的操作性。"①

经过十多年来的改革，在我国，计划直接管理的范围显著缩小，市场调节的作用大大加强，在东南沿海和内地某些地区早已提出以市场调节为主的目标；以公有制为主体的多种经济成分并存的所有制结构已经形成，而且要长期稳定；要扩大对外开放，面向国际市场。因此，提出建立社会主义市场经济体制已经是水到渠成的事，并非是人们主观意志的产物。苏星对建立社会主义市场经济体制问题进行了探讨，认为党的十一届三中全会以来对于经济体制问题的理论发展，不是客观实际有了什么变化，而是人们的认识更加符合客观实际。他就市场经济、社会主

①　江世银：《评〈论社会主义市场经济〉》，《北京社会科学》1996年第1期，第154页。

义市场经济、社会主义市场经济体制提出了自己独到的见解。他这样认为：“市场经济是完全的市场调节（虽然实际上很难做到）；市场调节则是不完全的市场经济”。① 所谓市场经济，就是对生产和流通不作计划，让它根据市场供求变化进行生产和调节的经济。而社会主义市场经济就是社会主义条件下的市场经济，就是在坚持以公有制为主体的条件下实行的市场经济。“在我国，搞市场经济肯定能够成功，因为市场经济是大势所趋，但社会主义市场经济能否成功，关键看能否坚持公有制为主体。如果不能坚持公有制为主体，那就和其他国家的市场经济没有区别了。”② 可见，苏星是非常强调公有制为主体这个根本原则的。建立社会主义市场经济体制是通过人们的主观努力并遵循客观规律（主要是市场经济规律）来进行的，就是要使市场在社会主义国家宏观调控下对资源配置起基础性作用。这种体制包括现代企业制度、市场体系、宏观调控体系、收入分配制度和社会保障制度等基本框架。他认为，有了这个框架，“在某种程度上也可以说，我们的经济体制改革，已经结束了‘摸着石头过河’的阶段，架起了一条通往彼岸的桥梁”。③

　　建立社会主义市场经济体制，必须培育和发展市场体系。市场体系，是以消费品和生产资料等商品市场为基础，是金融市场、劳动力市场、房地产市场以及技术信息市场的总和，是互相联系互相依存的统一体。苏星分别就以上几个市场展开了论述。对于商品市场，从流通领域看，他认为应该继续深化价格改革，发展工农之间、城乡之间的商品流通，扩大国内市场，形成公平竞争的全国统一市场，使国内市场与国际市场接轨，根据商品流通的需要，构筑大中小相结合的多种经营形式和方式、功能完备的市场网络。苏星分析论述了金融市场的观状及对策，坚决反对建立新的商业银行，他认为“比较实际的办法是，在办好现有商业银行的同时，加快专业银行改革的步伐，使它们逐步转变为商业银行”。④

---

① 苏星：《论社会主义市场经济》，中共中央党校出版社，1994，第78页。
② 苏星：《论社会主义市场经济》，中共中央党校出版社，1994，第79页。
③ 苏星：《论社会主义市场经济》，中共中央党校出版社，1994，第80页。
④ 苏星：《论社会主义市场经济》，中共中央党校出版社，1994，第122页。

对于劳动力市场，他认为进行劳动力交易不会产生剥削制度，就是国有企业也不例外，因为劳动力新创造的剩余产品价值是归劳动者所有的，而不归资本家或其他剥削者。

社会主义市场经济是社会主义国家宏观调控下的市场经济。宏观调控，主要是国家通过财政、金融政策（包括外汇政策）和计划指导，达到国民经济的总量平衡。不管资本主义市场经济，还是社会主义市场经济都需要宏观调控，这是当代世界经济运行所证明了的。他认为实现宏观调控，必须协调宏观经济政策，建立综合运用各种经济杠杆比较完善的宏观调控体系，以此保持经济总量的基本平衡、经济结构优化，从而达到国民经济和社会的协调发展。这样，社会主义市场经济就会良性运行和协调发展。

## 三 城镇住宅商品化理论

我国城镇住宅不足，是长期以来存在的一个问题。原因一方面在于投入不足，另一方面在于住宅价格不合理。苏星是国内较早（1957年开始）研究此问题的专家之一，认为要加快解决这一问题，除增加投入外，必须在发展生产和逐步增加工资的基础上有计划地调整房租，使房租逐步接近劳动消耗，实现城镇住宅的商品化。城镇住宅商品化，是指"根据住宅的商品属性，把住宅当作商品出租或出售，运用租金、价格等经济手段调节住宅的生产和消费。"① 住宅是个人消费品。在社会主义条件下，按劳分配是通过商品交换来实现的。劳动者根据自己劳动的量和质取得一定数量的货币，然后用货币在市场上选购自己需要的消费品，以满足衣、食、住、行的需要。所以，在性质上，住宅和其他消费品并没有什么不同，它们都是商品。住宅的商品化，可以使城市居民的消费结构更趋合理，有利于住宅建设和房地产事业的发展，可以大力推动建筑业和建材工业的发展。住宅商品化包括的内容是：第一，住宅作为商品

---

① 苏星：《怎样认识城市住宅商品化》，《房地产经济》1986年第1期。

生产，并且作为商品出租或出售；第二，住宅的租金要遵循价值规律；第三，住宅和其他消费品一样，个人可以选购并归个人所有。

出售住宅，主要是规定合理的价格。在低租金的条件下，价格高了，职工不肯买；价格低了，国家要吃亏。因此，不得不采取补贴出售的办法。苏星认为规定住宅出售价格应当考虑以下三个问题：一是住宅价格和补贴办法，要同租金改革一并考虑，力求在改革以后，不要产生新的不合理现象；二是不能就住宅论住宅，还要考虑住宅所处的地段的未来收益；三是要考虑建筑业体制改革以后，住宅的价格可能提高，新的住宅价格提高，会影响原有的住宅价格。因为按照价值规律，一种商品的价格并不是由生产这个商品时的价值，而是由再生产这个商品时的价值决定的。

苏星对住宅问题的研究，为我国城市住房制度改革提供了理论依据并在实际工作部门和理论界引起了强烈反响。他曾多次应邀参加住房制度改革的理论研究和对策研究，对出售住宅、调整租金、住宅建设等提出过一系列意见。例如，他提出的必须在发展生产和逐步增加工资的基础上，有计划地调整房租，使房租逐步接近建房成本；调整房租应同调整工资同步等，得到了国家有关部门的重视。苏星的城镇住宅商品化认识是与国家的政策一致的。

## 四 农村经济理论

农村社会主义集体所有制经济，是人类历史上崭新的经济制度。要建立和健全有效的经营管理制度，使广大农民充分发挥其积极性和创造性，以促进社会主义农业的迅速发展，这就是实行各种形式的农业生产责任制。根据苏星的观点，对农业生产责任制，首先是稳定。这就是说，要使多种形式的生产责任制长期坚持下去。不论采取什么形式，只要群众不要求改变，就不要变动。这包括，肯定包产到户和包干到户是集体经济的生产责任制，可以长期坚持实行；有些地区和社队选择了其他形式的责任制，只要效益好，群众满意，也不要非改为包干到户不可。不同形式的责任制，对不同的地点和条件，各有其适应性和局限性。我国各地区、各社队的自然条件和经济条件差别很大，绝不能"一刀切"，只能由群众去自愿选择适合本地和本队的责任制形式。其次，在稳定的基础上必须逐步完善。不完善，也不容易稳定。完善农业生产责任制，包括多方面的内容。在实行包干到户的地区和社队，曾着重解决统与分的问题，主要是把应该统一经营的项目统起来。但是，统与分必须因地制宜。毫无疑问，我国农业生产的大发展，不能仅仅归功于家庭承包经营。我国农村进行了一系列改革，如产业结构的调整，农副产品购销体制和价格改革，鼓励农民进入市场等等，也都起了重要作用，但最主要的还是实行了以家庭承包经营为基础、统分结合的双层经营体制。因此，党的决定把这一具有旺盛生命力的经营体制稳定下来，而且长期坚持不变，是完全正确的。

建立社会主义市场经济体制，必须培育和发展市场体系。市场是统一的，农村市场不可能自成体系。它只是我国统一的市场体系的组成部分。在我国，农村市场在培育和发展市场体系中具有举足轻重的作用。伴随农业劳动生产率的提高，农村会供应城市居民和工业企业更多的生活资料、轻纺工业原料，同时吸纳越来越多的工业消费品和生产资料，扩大商品市场；伴随社会分工的发展，农村剩余劳动力会大量向非农业领域和城市转移，扩大劳动力市场；伴随城市化的进程，农村土地会有一部分转化为非农用地，扩大房地产市场；伴随工农业生产的发展，社会积累基金会发生重新分配，扩大金融市场；相应地科技信息市场也会得到发展。农村市场纳入统一市场体系，是实行改革开放政策的成果。

农村是需求潜力最大的国内市场。我国12亿人口，有70%住在农村，因此，他认为农村是我国现在需求潜力最大的国内市场。根据是：第一，在社会主义初级阶段，我国要努力由自然经济半自然经济占很大比重，逐步转变为经济市场化程度较高的阶段。第二，随着农民收入增加和生活改善，农村市场的消费结构已经发生明显变化，并且引起农村市场商品需求结构的变化。第三，目前，我国农村正在从温饱型向小康型过渡，农村商品市场处于成长发育阶段，农民人均纯收入水平已初步具备了消费万元以下消费品的支付能力。第四，国家正加大对农村电网建设与改造的投资力度，改善农村基础设施，为扩大家用电器和其他耐用消费品市场创造条件。

为了进一步开拓农村这个最大的国内市场，苏星认为还有许多工作要做。包括：从思想上、理论上认识农村市场在社会主义现代化建设中的重要地位，尤其是在当前扩大内需、拉动经济增长中的作用，要主动地、千方百计地扩大农村市场，全面发展农村经济，增加农民收入。同时，推进农业产业化经营，继续发展乡镇企业，加快建设小城镇。苏星认为产业化经营，要从实际出发，以市场为导向，选择当地主导产品，实行区划种植、专业化生产，通过适当的组织形式，把农户和市场联结起来，把生产、加工、销售结合起来，促进种养业、加工业、运销业协调发展。发展乡镇企业，加快小城镇建设，转移农村富裕劳动力，是增加农民收入的重要途径，也有利于扩大农村家庭承包经营规模，提高农业劳动生产率和经济效益。此外，积极探索适合农村特点的商品流通方式，搞活流通，切实解决农副产品"卖难""买难"问题。为了解决"卖难"问题，农村迫切需要建立批发市场体系、中介服务体系和信息服务体系。为了解决农民的"买难"问题，工业企业首先要设计和生产适合农民需要的、不同档次的、适销对路的消费品和农机具，而不是把卖不掉的东西推给农民，而且销售渠道也要多样化。只有把这些问题解决好了，开拓农村这个最大的国内市场才有希望。

## 五　国有企业改革理论

转换国有企业经营机制一直是改革开放以来探讨的重点。苏星根据他多年来调查搜集的国有大中型企业的历史和现实材料，指出目前国有大中型企业缺乏活力的原因既有外因又有内因，而且现在内因是主要的。外因有包括新旧体制过渡带来的一系列问题：企业无力进行扩大再生产；国有企业税负高于其他经济成份，债务增加，社会负担沉重，摊派太多，有所谓"四马分肥，效益转移"现象，即利润大量向税赋、利息、补贴、摊派四面转移；加之政府职能转变迟缓，政企不分，对企业干预过多等等。内因包括企业领导思想观念滞后于市场经济发展；企业内部劳动人事、工资制度改革推不开；管理混乱；决策失误；领导人素质低，班子内耗严重。这些因素必然造成企业亏损缺乏应有活力，但并非有的人说的那样是公有制企业注定搞不好，非得改变所有制不可。他指出了正确出路在于转换国有企业经营机制，这是建立社会主义市场经济体制的中心环节。他认为："国有企业经营机制转换的快慢，将决定我们建立社会主义市场经济体制的进程"。① 具体说来，就是建立适应市场经济要求、产权清晰、权责明确、政企分开、管理科学的现代企业制度。在苏星看来，当前着重应当进行产权制度改革；政企分开、落实企业自主权；使企业成为投资主体；改革工资制度；理顺企业领导体制，有分别、有步骤地实行公司制。

在指出当前我国国有大中型企业的出路时，苏星提出了要改革工资制度，调动职工积极性的主张。"国有企业的工资制度非改革不行了。"② 怎样改革呢？通过提高劳动生产率提高工资水平，这是完全正确的，符合我国客观实际。"但是，工资增长和劳动生产率增长有哪个在先、哪个在后的问题。这就涉及经营思想是提高劳动生产率——提高工资；还早提高工资——提高劳动生产率"。③ 这是很有独到见解的。

国有企业在国民经济中占的比重大、效率低、竞争力差，所以，经济增长方式的转变应当以国有企业为重点。国有企业改革的重点，苏星认为应当放在那些经营一般和亏损企业上，不是锦上添花，而要雪中送炭。对这些企业，不要从概念出发，而要从实际出发，根据企业的条件和愿望，选择不同的形式。有的企业可以改造为股份有限公司和有限责任公司，有的企业可以实行资产承包经营，有的可以组成企业集团，有的可以保持集团型工厂，有的可以改为股份合作制，有的可以兼并、租赁、出售，有的可以破产。总之，只要能使国有企业活起来，转换经营

---

① 苏星：《我对社会主义市场经济的认识》，1993 年 2 月 3 日《中国教育报》。
② 苏星：《论社会主义市场经济》，中共中央党校出版社，1994，第 105 页。
③ 苏星：《论社会主义市场经济》，中共中央党校出版社，1994，第 106 页。

机制，扭亏为盈，各种办法都可以用。

针对有的学者提出中国改革过程中企业改革的根本问题是产权私有化，应当把企业中政府拥有的股份全部卖出去，他认为这种主张不符合中国国情，因为建设有中国特色的社会主义必须坚持公有制为主体，不能把国有资产私有化。

针对有的学者提出的新的产权制度应将国有产权改为各级地方（政府）产权，他认为变全民所有制为各级政府所有是一条歧路，既不符合社会化大生产的发展规律，也不利于从计划经济体制向市场经济体制过渡。

针对有的学者主张企业有经营权，就该有所有权，国有企业的改革应让企业具有生产资料的所有权，他认为企业所有在理论上是一个模糊的概念，不能把全民所有制改变为企业所有制。如果企业所有是指企业归职工所有，那它的性质就是集体所有，而不是什么企业所有。一般说来，大中型国有企业，也不宜从全民所有转为集体所有。因为这些企业的资金是全民的劳动积累，怎么能变成一个企业的职工所有呢？

# 六 社会主义再生产理论

我国的社会主义建设已经进行半个多世纪了。尽管有许多曲折，我国仍然取得了举世瞩目的成就。同时，我们也积累了许多经验，其中最重要的一条，就是运用马克思的再生产理论，分析我国社会主义经济建设的实际，从中得出规律性的认识，作为我们行动的向导，必须使国民经济保持持续、稳定、协调发展，而不能急于求成。

苏星认为马克思在《资本论》里研究的是资本的再生产，但他所阐述的原理，对于其他社会形态特别是社会主义社会（社会主义社会和资本主义社会的物质基础都是社会化的大生产）同样是适用的。在我国社会主义实践过程中，马克思的再生产理论已经充分显示了它的指导作用。"四十多年来，我们经历了三次国民经济的大调整。"① 三次调整都是在马

---

① 苏星：《有中国特色社会主义经济研究》，中共中央党校出版社，1992，第286页。

克思再生产理论指导下进行的，并且得到了成功。苏星总结的经验是：第一，正确认识国情，实事求是地估计形势。我们建设有中同特色的社会主义必须从实际出发，这个实际，就是中国国情。今天，中国的国情就是已经建立了社会主义制度，社会主义建设也取得了巨大的成就，我

# 有中国特色的
# 社会主义经济研究

苏　星

江世银同志指正

苏星

一九九三年四月

## 中共中央党校出版社

们国家大，人口多，底子薄，只有长期奋斗才能赶上发达国家的水平。从经济方面看，这就是重要的国情。过去的经验告诉我们，每当形势好的时候，就忘记了这个重要的国情。第二，遵循客观经济规律，及时调节国民经济的重大比例关系，使之持续、稳定、协调地发展。宏观调控，主要是调控比例关系，调整产业结构。产业结构是否合理，要看它是不是按比例。第三，有一个比较宽松的经济环境，才能放手进行经济体制改革。在过去的历程当中，我国国民经济有过持续、稳定、协调发展的时期，也曾多次破坏持续、稳定、协调发展，出现大起大落的局面。持续、稳定、协调发展，看起来速度不那么高，但算总账速度是最快的，大起大落，则给国民经济造成巨大损失，欲速而不达。

运用马克思的再生产理论指导我国的社会主义建设，苏星说不是记住一些原理或公式，或者臆想直接从里边找到解决社会主义经济问题的现成答案。研究必须从实际出发，详细占有资料，在马克思再生产理论的指导下，发现社会主义再生产的特殊规律性，尤其要发现这些规律性在中国实现的形式。

结构调整，主要指产业结构调整，实际上是调整各个产业部门之间的比例关系。产业结构的调整，实际上是社会总资金分配比例的调整。产业结构，是产业部门之间的比例关系，包括工业和农业、工业内部、农业内部的比例；能源、交通运输和国民经济增长的比例，第一、二、三产业的比例等。它需要以马克思的再生产理论为指导。"我国当前产业结构中存在的主要问题是：农业基础比较脆弱，基础工业和基础设施落后，加工工业总规模偏大，第三产业不适应经济发展和人民生活需要……等等，都属于比例关系不协调，需要运用两大部类的理论为指导进行研究。"[①] 苏星认为在比例关系中，最重要的是积累基金和消费基金的比例。根据我国的40年的经验，按现在的统计口径，积累率（投资需求占总需求的比重）一般不宜低于20%，也不能高于30%。三次比例失调，积累率都越过了30%。第一次，最高的一年（1959年）达43.8%；

---

① 苏星：《有中国特色社会主义经济研究》，中共中央党校出版社，1992，第320页。

第二次，最高的一年（1978 年）是 36.5%；第三次，最高的一年又上升为 35.3%（1985 年）。积累率是无法直接控制的，但它是保持国民经济持续、稳定、协调发展的警戒线。一旦发现积累率超过 30%，比例关系肯定要出问题了，应当及时地、自觉地加以调节。这样，就可以避免大调整。他的这些看法是经过认真研究得出的，而且也经得起实践的检验。

## 七　新中国经济史理论

苏星虽不是研究经济史的专家，但尝试写了一本《新中国经济史》。这本书的内容和写法和一般经济史不完全相同。它是在对社会主义基本经济规律、农业合作化、社会主义再生产、城市住宅、计划和市场、价格、所有制、产业结构、城市、国有企业改革等多方面问题进行了广泛研究的基础上写成的。例如，和于光远共同主编的《政治经济学（资本主义部分）》，参加许涤新主编的《政治经济学辞典》、《简明政治经济学辞典》和《中国大百科全书（经济学卷）》的编写工作；关于城市住宅问题，写过一本题为《我国城市住宅问题》的小册子；计划和市场问题，在党的十四大以后，写过一本题为《论社会主义市场经济》的小册子；价格问题本来打算写一本书，没有写成。这些研究，实际上都是为写《新中国经济史》作准备的。他的新中国经济史理论包括社会主义国有经济建立理论、稳定物价与统一财经理论、社会主义三大改造理论、计划经济体制的形成理论、探索中国自己的社会主义建设道路理论、"大跃进"和人民公社化理论、五年大幅度调整的战略决策理论、"文化大革命"的灾难、历史的伟大转折、改革与开放理论、由计划经济体制向社会主义市场经济体制转变的理论等。

苏星总结出：我国的全民所有制经济，主要是无产阶级夺取政权以后，按照马克思的剥夺剥夺者的原则，在废除资产阶级生产资料私有制的基础上建立和发展起来的。这种剥夺采取没收官僚资本和对民族资本实行赎买两种方式。通过这种方式，在我国建立了社会主义全民所有制的国营经济，并很快成为国民经济的主导力量。在过去的几十年里，全国人民忘我劳动、节衣缩食，依靠自己的劳动积累，已使它日益壮大起来。这是非常庞大的物质财富，是国家的经济命脉，过去、现在和将来我们都要依靠它发展和壮大社会主义经济，依靠它逐步改善人民的物质和文化生活。

对于新中国经济史上的三次大调整，苏星同志分析得非常深刻。我国经济落后，干部和群众都希望早一点摆脱落后的境地，一旦对形势估计错误，就往往急于求成，提出不切实际的计划来。三大改造以后形势很好，就认为改变生产关系激发起来的群众中的社会主义积极性是无所不能的，1958 年来了一个"大跃进"，粉碎"四人帮"以后形势很好，就认为由此迸发出来的群众积极性极大，加上过分相信引进外资，1978 年重犯了与 1958 年类似的错误。最近十年，改革开放的形势很好，又对改革开放的作用估计过头，1986 年以来，经济形势已日益严峻，反而认为会越来越好。结果，不得不进行新的调整。

苏星认为历史主要是给年轻人和后人看的，得让人看得懂，看得明白。为此，历史过程就要写得具体、细致，弄清来龙去脉，不能太概括、太抽象，变成一堆概念。他引用文献和权威人士的话力求准确全面，没有断章取义。"50 年来，新中国的经济建设取得了辉煌的成就，这半个世纪的成就比过去所有世纪加起来的成就还要大。但是，也遭受过严重挫折。作为一个和共和国同命运、共呼吸的过来人，我总觉得有责任把这一段历史忠实地写出来，让年轻人和后人知道，以史为鉴。"[①] 这就是德高望重的一代经济学家代表——苏星同志留给后人的宝贵精神财富！

---

① 苏星：《新中国经济史》，中共中央党校出版社，1999，第 5 页。

# 5

# 对国民经济素质的客观评价与正确分析[*]

张连如博士的创新专著《国民经济素质评价与分析》最近已由商务印书馆（2005 年 3 月）出版了。读了该作，我认为有这样一些特色：

（1）具有重大意义的研究。国民经济是一个国家经济各部门、社会再生产各个环节互相联系、互相作用构成的有机整体，是各种经济要素按照一定结构组织起来、按照一定方式有规则运行的完整系统。提高国民经济的整体素质是中国经济理论研究和实际经济工作中的一个重大课题。国民经济素质不高，经济增长粗放，经济效益低，产业竞争力不强，是中国国民经济运行中存在的主要问题。近十几年来，努力转变经济增长方式，显著提高国民经济素质，不断增强国际竞争力，一直被党和国家确立为经济工作的一项重要的指导方针和奋斗目标。围绕国民经济素质问题进行深入、系统的研究，明确国民经济素质的内涵，了解国民经济素质的结构、影响国民经济素质的因素及各个因素内部诸要素的情况，弄清各种因素影响国民经济素质的作用机理，分析存在的问题，提出相应的对策和思路，具有重要的理论意义和现实意义。

（2）选题新颖。国民经济是一个有机的系统；素质是一个含义较广的概念，一般解释为事物的本来性质或人的先天特点，在某些场合也解

---

\* 张连如：《国民经济素质评价与分析》，商务印书馆，2005。

此文发表于《东岳论丛》2005 年第 5 期。原文题目为《评〈国民经济素质评价与分析〉》。

释为人的技能等等。将素质的概念和系统论的观点结合起来，依据系统结构相似性原理，张博士提出了国民经济素质的概念并将二者有机地结合了起来。这是一个选题十分新颖的研究课题。由于系统的素质是与系统的运行目标和系统的功能联系在一起的，因此在把国民经济看作是一个完整的有机系统的前提下，他把与国民经济系统运行目标和系统功能相联系的那种内在的整体特性，即国民经济系统的功能特性，称之为国民经济素质。张连如博士认为，国民经济素质是一个国家国民经济系统各种内在因素有机结合形成的整体功能特性。它表现为一个国家长期有效地开发和利用各种资源创造国民财富的基本条件和能力。国民经济素质由基本素质和协调素质构成。国民经济的基本素质反映国民经济系统各种要素有机结合所形成的创造国民财富的基本条件和能力的现实水平和状态，协调素质反映国民经济系统自我调节、自我完善功能的水平和状态。基本素质又由基础素质和能力素质构成。基础素质反映一国国民经济运行的基础要素及其结构状态，包括基础要素素质和结构素质；能力素质直接反映国民经济运行的现实功能水平和状态。协调素质主要体现为为系统运行提供动力激励、控制约束的能力水平。国民经济系统的功能直接取决于其能力素质。从一个长期过程看，能力素质的强弱，取决于基础素质和协调素质各自的水平及相互作用的状况。

（3）研究难度大。该书是在他的博士论文基础上写成的。客观地讲，完成这样一本带有一定开创性的经济学著作有相当的难度，这一方面是因为关于国民经济素质问题研究的参考资料非常缺乏，准确地对国民经济素质的内涵外延进行界定，并初步建立起评价和分析国民经济素质的框架体系，有诸多难题需要克服；另一方面是因为国民经济素质是一个高度抽象、宏观和综合的概念，准确地对国民经济素质进行评价，需要建立庞大的指标体系、采用一套复杂的数学处理方法，对个人研究来说更为困难。敢去啃这块硬骨头，既是他的秉性使然，也是其对国家和民族的责任感使然。

（4）研究内容丰富。一个国家国民经济素质的形成与发展受多种因素影响。这些因素归结起来包括八个方面：物质基础条件、国民素质、经济结构、科技开发与应用能力、企业素质、投融资能力、国际循环能力、经济体制。上述因素中，物质基础条件、国民素质、经济结构主要影响国民经济的基础素质；科技开发与应用能力、企业素质、投融资能力、国际循环能力主要影响国民经济的能力素质；经济体制主要影响国民经济的协调素质。八个方面的因素中的每一种，并不简单地只影响某一方面的素质，对其他方面的素质也有重要影响；八个方面的因素之间也相互作用、相互影响。任何一种因素的变化都会影响其他方面的素质和其他因素，只是程度上有所不同。基于上述关系，该书在国民经济素质一般理论研究的基础上，分别对国民经济的基础素质、能力素质、协调素质及各自的主要影响因素进行了分析。该书除导论外，共由四篇组成：第一篇为基本理论篇，主要是对国民经济素质问题的一般研究及对中国国民经济素质的总体评价；第二篇为基础素质篇，主要是对国民经济基础素质及其主要影响因素的研究；第三篇为能力素质篇，主要是对国民经济能力素质及其主要影响因素的研究；第四篇为协调素质篇，主要是对国民经济协调素质及其主要影响因素的研究。可见，该书研究内容是十分丰富的。

同时，也形成了有价值的、较为系统的管理理论。这些理论的发展呈现出由局部到整体，由"物"到"人"，由客体化到主体化，由分析到综合的发展过程。在古典管理理论侧重研究"物"、行为科学管理理论侧重研究"人"的基础上，管理过程学派、巴纳德的组织理论、西蒙的决策理论、权变管理理论、明茨伯格的经理角色理论等就以一种综合的思路和方法对管理过程进行了研究。本书以"逻辑的"方式对理论的具体过程进行了系统总结，线索清楚，观点明了。

其二，本书强调了中国古代管理思想的理论地位。如作者所述，在人类管理理论的发展中，中国古代管理思想占据着重要的地位。这是许多管理思想史著作忽视的问题。在吸取他人研究成果基础上，本书总结了孔子、老子、韩非子、孙子和管子的管理思想。尽管是管中窥豹，但也足以让人能够体察中国古代管理思想之辉煌。"人能弘道，非道弘人"，孙子所强调的，是人在"弘道"中的主体性和能动性；"凡治众如治寡，分数是也；斗众如斗寡，形名是也；三军之众，可使必受敌而无败者，奇正是也"，孙子对管理方法的揭示，棋高一着。"治国有三器，曰号令也，斧钺也，禄赏也"。管子对国家管理实践的总结，一目了然。本书所总结的中国古代管理理论之精华，对今天的管理理论和实践仍然具有积极的借鉴意义。

其三，本书扩张了传统管理理论的内容。传统的管理理论著作，大多仅涉及西方古典管理理论、行为科学管理理论和现代管理中的过程学派、决策理论、权变理论、数量学派理论等，也即如孔茨所讲的"管理理论的丛林"中的那些学派。今天日新月异的管理理论与孔茨所总结的20世纪80年代的管理理论相比，已经大大扩张和发展。比如，企业文化和学习理论、营销管理理论、流程变革和质量管理理论、新公共管理理论等，都是近年管理理论领域的"新锐"，并且是从不同专业角度进入管理理论领地的。本书在这方面给予了深入的研究和系统的总结，让人感受到管理理论领域的创新气息。

其四，本书充分肯定企业家在管理实践中的理论创新。传统的管理理论著作，大多仅有"管理学家"的理论，少有"企业家"的管理理论。

实际上，许多杰出的企业家都在创造着既立足实际又高屋建瓴的管理理论。本书深入研究了松下幸之助、盛田昭夫、韦尔奇和葛洛夫在企业的管理实践中总结出来的管理理论，并着重强调了有创新意义的理论观点，如松下幸之助的"用人须育人"、盛田昭夫的技术创新体制、韦尔奇的"数一数二"、葛洛夫的"偏执狂的生存"和"创新游戏规则"等。这些研究，弥补了传统管理思想史著作中在这方面的缺憾。

马克思曾经说过：从商品到货币是惊人的一跳。实现这"惊人的一跳"的关键之举，需要通过高效率的管理活动整合社会资源，生产出有竞争力的产品和服务。管理是实力之比、智慧之争、竞胜之役、成功之舟，管理竞争的胜出者展示着强者的智慧和力量之光！管理者正是这光芒的缔造者。而一本有深度和系统性的管理理论著作，能够为管理者提供有深邃思想的理论武器。作者在本书中叙述的内容，具备这方面的价值！

本书在叙述方面逻辑严密、文字简洁，信息量大。不足之处是对中国古代管理思想的总结仅限于孔子等五人，在反映中国古代管理思想上还显不够；对企业家管理思想的研究虽然很有新意，但篇幅太单薄；每篇前言中的综合性分析份量略少。虽然有此不足，但本书不失为近年管理思想理论领域中一本具有特色的好书。

# 8

# 从中、微观层面看中国知识
# 产权制度的战略运用*

知识产权作为经济全球化背景下地区、企业之间竞争的制高点，在占领市场及保护市场中的作用越来越突出，因此，如何规划知识产权发展战略，使知识产权达到促使企业生存、发展并取得竞争有利地位的目的，显得尤为重要。西南财经大学蒋南平教授、蒋大海教授和陶莉教授等合著的《中国知识产权制度的战略运用——中、微观知识产权发展战略研究》一书，从实证的角度论述了知识产权制度在中观和微观经济层面上的战略意义及积极作用，证明了在新时代知识产权及其表现出的新型财产关系——知识产权制度对经济社会的深刻影响，从一个特定的角度揭示了经济社会的未来走向，对于研究我国知识产权制度的战略运用过程中存在的诸多亟待解决的问题，具有强烈的理论意义和实践价值。该著作具有以下重要研究创新和特色。

（1）研究视角的突破。该书以中、微观贯通的视角研究"中国知识产权制度的战略运用"问题。在中观层面上，将知识产权的战略发展与德阳市装备制造业的产业发展现状结合起来，通过对四川省德阳市现有

---

\* 蒋南平等：《中国知识产权制度的战略运用——中、微观知识产权发展战略研究》，电子科技大学出版社，2006。

此文发表于《天府新论》2007年第6期。原文题目为《从中、微观层面看中国知识产权制度的战略运用——〈中国知识产权制度的战略运用——中、微观知识产权发展战略研究〉评介》。

的知识产权存量、知识产权运用、知识产权的保护、自主知识产权的增长速度及趋势进行分析，并结合国际比较及国内行业横向比较，以此为基础来制定和实施德阳重大技术装备制造业基地知识产权的战略发展计划；在微观层面上，通过系统分析"DFQLJ 厂"的生产组织、产品、技术装备、财务、人力资源等内部条件，立足于重大技术装备制造类企业产品和技术的特殊性，从经营战略和产品生产两方面提出了知识产权战略实施的详细计划。论述系统，逻辑严密。

（2）研究方法的创新。该书坚持理论与实践相结合，在构建完整和充实的理论分析框架的基础上，通过大量实际统计数据，准确反映了中国德阳重大技术装备制造业基地和"DFQLJ 厂"知识产权的存量及运用现状，通过构建知识产权的效益指标分析体系核算知识产权对效益的贡献率，并结合与国际国内知识产权发展战略状况的比较，提出德阳重大技术装备制造业基地宜采用"以知识产权进攻型战略为主，知识产权防御战略为辅。攻防结合，防中进攻"的柔性进攻型战略，并详细制定了德阳知识产权的综合战略实施计划。该书通过定量化分析，层层深入指明影响知识产权战略选择及实施的社会经济环境及其发展方向，由此提出的政策建议令人信服，并具可操作性。

（3）强烈的现实针对性。德阳是四川省成都平原上新建立的省辖市，具有较为宽松的社会经济环境和较为发达的经济条件，而"DFQLJ 厂"是我国研究、设计、制造大型电站汽轮机的高新技术大型国有企业。该书在样本选择上具有较强的典型性；而运用专利制度增强地区和企业的技术创新能力，培养自主知识产权，提升核心竞争力，是国内多数地区和企业经济社会跨越式发展的重大战略取向及实现的关键，研究的问题具有强烈的现实针对性。该书不仅客观反映了中国德阳重大技术装备制造业基地和"DFQLJ 厂"知识产权发展战略的现状，分析了各种战略的利弊和运用条件，而且还针对德阳知识产权战略的选择及实施提出了具体的实施原则、方法和条件，详细制定了德阳知识产权分类战略和综合战略的实施计划，对德阳乃至全国的知识产权制度的战略运用有着深刻的指导意义。

　　蒋南平教授长期从事经济学、管理学等领域的教学、科研及实践工作，专注于知识产权的研究，著有《知识资本论》《知识资本续论》等专著。该书是蒋南平教授与蒋大海教授、陶莉教授等合著的一部兼具理论性和实践性的力作，许多观点和分析具有开拓性和预见性，书中收集的大量数据具有重要的参考价值，值得从事理论研究和实际工作的同志一读。

# 9

# 厚积，方能薄发[*]

20 世纪末，受苏东解体和中国市场化改革大潮的冲击，西方新制度经济学的引入和中国产权制度的改革曾经都是我国经济学界炙手可热的话题。如今，浮华散尽，产权经济学的讨论已失去了往日的热度，但这或许才是学术研究应有的心境和氛围。严冰博士的专著《产权不完备性研究：兼论国有企业改革思路》（以下简称《产权》）就是这样一部潜心研究、学术成果显著的力作。

严冰博士曾师从于顾海良教授，其《产权》在其 8 年前博士论文的基础上修改而成。他选定题目就潜心研究。正是这种治学态度，使得《产权》一书在概念创新、产权效率的理论分析工具、产权效率的保障条件和国有企业改革的基本思路等四个方面都提出了自己独到的见解。

第一，提出了"产权不完备性"这个学术概念。以往，对于法律上的产权与事实上的产权之间存在的差距，一直没有一个准确的学术概念。20 世纪 90 年代后期，在我国国有企业改革的讨论中，曾大量使用"国有产权主体缺位""国有产权不清晰"等似是而非的说法。其实，无论是国有资产的主体，还是国有产权的界定，在"文本上"或法律上都是清楚无误的。国外学者和部分国内学者虽曾指出事实上的产权与法律上的权

---

严冰：《产权不完备性研究：兼论国有企业改革思路》，知识产权出版社，2010。

此文发表于《天府新论》2012 年第 3 期。原文题目为《厚积，方能薄发——评严冰博士的新作〈产权不完备性研究：兼论国有企业改革思路〉》。

利存在差别，但没能提出一个学术概念。《产权》一书正式提出"产权不完备性"这一概念，结束了这个问题的表述和研究没有"名称"的历史。

第二，提出了产权效率的分析工具。产权经济学在效率研究方面，一直都缺乏一个统一的分析工具。例如，诺斯认为产权选择的效率是成本最小化，德姆塞茨则认为是外部性的内部化，而张五常则认为是租金耗散最小化，等等。由于缺少一个统一的产权效率的分析工具，不仅导致了产权效率的研究缺乏一致性依据，而且理论上也无法对不同产权形式相互间的内在联系给出解释。严冰博士的《产权》提出了基于资源"物理性状"的产权"内部化净收益"与"内部化成本"（正外部性的损失）的分析模型。这是最能体现作者洞见的观点。根据这个分析工具，如果某类资源其"内部化净收益"低于"内部化成本"（正外部性的损失），意味着该类资源应该选择排他性更低的产权形式，直至"内部化净收益"在边际上等于"内部化成本"（正外部性的损失）。这个分析模型很好地解读了根据资源的"物理性状"不同，因而在事实上形成的、排他程度由高到底的私有产权、集体产权、国有产权和公有产权的形成。

第三，提出了保障效率的公平原则，这就是经济权利的"内涵原则"和"外延原则"。什么样的产权最符合效率？《产权》从三个前提进行了推导：①效率最高的产权形式"实施成本"（产权"不完备性"）最低；②从社会博弈的角度分析，"实施成本"最低的产权是那些得到普遍遵守，因而能够"自我实施"产权形式；③得到普遍遵守、能够"自我实施"的产权是那些平等、公平的产权形式；结论是平等、公平的产权形式最符合效率原则。从奥肯（1987）开始，如何在平等和效率间进行权衡（trade - off），一直都是最有争议的重大抉择。但在《产权》一书的作者看来，二者其实存在一致性：平等、公平，甚至人道，与效率并不矛盾。"内涵原则"要求所有成员享有的经济权利在法律（或文本）上应该完全相同、完全平等，即没有人应该享有经济特权；"外延原则"要求社会或国家对事实上没有获得相应权利的个体或人群（根据具体的经济、文化条件）予以"补充"。

第四，提出了今后我国国有企业的改革基本思路。国有企业的改革不是什么新话题，《产权》一书在对国有产权的效率和非效率的方面做出准确分析后，将未来的国有企业定位于"技术外部性"和"货币外部性"领域。而对于我国现在竞争性行业中处于垄断地位的国有企业，作者提出了上收国有企业的剩余索取权，弱化利益格局，然后再次进行产权改革的思路。这样的改革思路较之引入民企竞争，或国有企业内部的"兄弟竞争"的建议完全不同，对如何进一步深化我国经济体制改革有重要的参考价值。当然，对于国家实际控制的事业单位的改革策略，《产权》一书的论述相对薄弱。

总体上看，《产权》是一部作者潜心钻研、厚积薄发的力作。它的出版对于从事经济学、伦理学和法学研究的理论工作者而言，对于高等院校的广大师生而言，无疑又提供了一部不可多得的读物。

# 二

## 区域发展与金融调控研究

# 探索区域经济发展宏观调控的初步尝试<sup>*</sup>

钟契夫<sup>**</sup>

当今世界各国，无论发达资本主义国家还是发展中国家，普遍存在着区域经济发展差距问题。如何调控区域经济发展差距、实现区域经济协调发展是各国普遍关注的热门话题之一，也是我国在 21 世纪所迫切需要解决的重大问题之一。学术界对区域经济发展进行了广泛的探讨，并已得到了党和政府乃至普通民众的高度重视。因此，研究区域经济发展宏观调控的现状，分析区域经济发展差距扩大的原因，科学地制定并实施区域经济发展宏观调控政策，就成为经济理论界和决策层迫切需要解决的重大课题。一个国家，特别是一个大国，区域经济发展问题尤为突出，如何有效地组织区域经济，以形成合理的区域分工和一体化的空间市场体系，并保持整个区域经济的协调发展，防止区域不平衡的差距不致过大，是国民经济运行中不可回避的一个重要课题。这一重要问题的解决有赖于深入分析和探讨区域经济发展宏观调控。

江世银博士撰写的《区域经济发展宏观调控论》已在 2003 年 6 月由四川人民出版社出版，是近年来有关区域经济发展宏观调控的一部有份量的学术专著。该书运用区域经济地理学的基本原理，在吸收区域经济

---

\* 江世银：《区域经济发展宏观调控论》，四川人民出版社，2003。

此文是钟契夫给《区域经济发展宏观调控论》写的书评，发表于《经济学动态》2003 年第 9 期。原文题目为《评〈区域经济发展宏观调控论〉》。

\*\* 钟契夫：中国人民大学国民经济管理系原教授、博士生导师。

学、发展经济学、宏观经济学、产业经济学、空间经济学等相关学科研究成果的基础上，系统地研究了区域经济发展宏观调控的基本理论，初步构建了区域经济发展宏观调控的研究框架和理论体系。这是一次探索区域经济发展宏观调控的初步尝试。

该书由导论、主体部分和结语构成。主体部分包括9章内容，主要包括区域经济发展宏观调控的基本概念、理论基础、调控的历史、目标和内容、政策手段、政府的地位和作用、组织体系、国外的经验教训以及中国区域经济发展宏观调控存在的问题及解决构想等等。该书在研究区域经济发展宏观调控时运用了理论分析、实证分析、比较分析、系统分析、定性与定量分析、历史的和现实的分析方法等，在充分占有资料、掌握实际情况的基础上，舍弃一些因素，寻找区域经济发展宏观调控的一般规律，从而为政府实施和操作提供了可靠的理论依据。通读全著，它的创新之处在于科学地界定了区域经济发展宏观调控概念，系统地阐述了区域经济发展宏观调控体系，提出了中国区域经济发展宏观调控构想，特别是提出尽快形成一个综合的区域经济发展宏观调控机构——国家发展和改革计划委员会等政策建议。它不仅具有一定的经济学理论的广度和深度，而且具有一定的实际应用价值，那就是指导我国的区域经济发展宏观调控实践。

在社会主义市场经济条件下，按照区域经济发展的客观规律组织和调控区域经济发展等方面的探索具有十分重要的理论和实践意义，而对区域经济发展进行宏观调控和干预又离不开理论的研究。作者经过长期的思考和探索，一方面将宏观经济理论的研究推向深入，另一方面又将区域经济发展与宏观调控有机地结合起来，为国家实施区域经济发展宏观调控提供科学的基础和理论的依据。列宁说，没有理论指导的实践是盲目的实践。区域经济发展宏观调控也不例外。它既是一个很值得研究的重大理论课题，又是一个操作性很强的实践课题。因此，深入研究和探索区域经济发展宏观调控具有重大的理论意义和实践意义。这些意义和应用价值可以列举出若干条，但最突出的表现就是它能够指导我国区域经济发展宏观调控的实践。随着实践的发展，人们对此会认识得越来越清楚、深刻。加强对区域经济发展宏观调控问题的系统研究，是当前我国经济理论学科更好地服务于经济建设的重要领域和学科前沿。该书创造性地构架了较为系统的研究框架，逻辑严谨，资料翔实，笔力深厚，是一本较好的学术著作。由于受作者的知识水平和研究能力所限，对区域经济发展宏观调控这样重大的课题，他无论是在理论上，还是对实践中出现的问题均把握不准，论述不全，阐述得也不深刻。尤其是过于偏重经济问题的分析，往往是就经济问题论述经济问题，而忽视了数学和地理学等自然科学的研究，更忘记了社会、文化等深层次问题的追问，因而有些结论显得深度不够。本书力图将区域经济理论与宏观调控理论结合起来进行研究，为我国实施区域经济发展宏观调控提供充分的理论依据。但是，由于它属于开拓性的研究，国内外尚无一本完整系统的大作可供参考，因此，本书的理论体系可能还很不完整，而且还有许多目前值得争论但尚无定论的理论问题，这都需要作者在今后进行更为深入广泛的研究。

# 2

# 构建区域经济发展宏观调控的
# 研究框架和理论体系<sup>*</sup>

蒋南平<sup>**</sup>

江世银博士的《区域经济发展宏观调控论》（四川人民出版社 2003 年 6 月出版），是近年来有关区域经济发展宏观调控的一本有分量的学术专著。本书运用区域经济地理学基本原理，在吸收区域经济学、发展经济学、宏观经济学、产业经济学、空间经济学等相关学科研究成果的基础上，系统地研究了区域经济发展宏观调控的基本理论，初步构建了区域经济发展宏观调控的研究框架和理论体系。

如何调控区域经济发展差距、实现区域经济协调发展，是当今世界各国普遍关注的热门话题之一，也是我国在 21 世纪迫切需要解决的重大问题之一。中国是一个区域经济发展很不平衡的大国，对中国区域经济发展差距问题的研究十分重要。改革开放以来，持续扩大的区域经济发展差距问题及其带来的各种社会经济效应，一直是政府、学者、民众共同关注的热门话题。特别是在我国加入 WTO 后，如何根据国内外的新形势和区域经济与社会发展中面临的新任务，对区域经济发展不平衡问题进行新的探索，提出新的思路与对策，理论界和实际部门都责无旁贷。我国学术界开始注重区域经济发展宏观调控问题，围绕宏观经济调控中

---

* 江世银：《区域经济发展宏观调控论》，四川人民出版社，2003。

此文是蒋南平给《区域经济发展宏观调控论》写的书评，发表于《经济理论与经济管理》2004 年第 1 期。原文题目为《评〈区域经济发展宏观调控论〉》。

** 蒋南平：西南财经大学《经济学家》编辑部主任、教授、博士生导师。

的区域经济管理、区域市场和区域产业结构宏观调控、区域生产力布局、区域经济发展差距对宏观经济的影响、缩小区域经济发展差距的宏观经济调控政策等问题展开了一些讨论，这些研究表明区域经济发展宏观调控分析是中国宏观经济理论的重要组成部分，是宏观总量分析和结构分析无法替代的。总体来看，这方面的研究还只是开始。我国目前区域经济发展极不平衡，也不存在一个能对国家统一的区域经济政策进行自动调节的经济机制和调控机构，特别是缺乏调控的法律依据。中国的国民经济尚处于现代化过程之中。很多学者从各个不同侧面对区域经济发展与宏观调控进行了广泛的探讨，取得了很好的成果。我国区域经济发展差距问题备受关注，逐步缩小地区发展差距已经提上议事日程。但是，目前我国在这一领域的研究仍然是一个薄弱环节。近年来，有关区域经济发展的著述和成果不断出现，加强对市场经济宏观调控的著述和成果也可谓是汗牛充栋，但如何将二者结合起来的研究在国内外还不多见。对其进行专门而系统的研究，可说还是一片空白。

《区域经济发展宏观调控论》是作者近年来潜心研究的成果，是《区域产业结构调整与主导产业选择研究——以四川为例所作的实证分析》的姊妹篇。可以说，后者侧重于应用分析，而前者则侧重于理论探索，二者相互联系，密不可分，从实践到理论，相得益彰。这是一本有分量的书，不仅内容丰富，而且观点新颖。从书的名称可以看出，作者明确提出了区域经济发展宏观调控问题，把两个不同的经济学分支——国民经济学与区域经济学结合起来，进行专题研究。本书的创新之处正在于将它们结合了起来，在两个专业的边缘寻找到了结合点，即区域经济发展宏观调控，看似不相关，其实存在密切的关系。本研究取得的新进展是：①科学地界定区域经济发展宏观调控概念；②系统论述区域经济发展宏观调控组织体系；③提出中国区域经济发展宏观调控构想，特别是提出尽快形成一个有权威的区域经济发展宏观调控机构。

《区域经济发展宏观调控论》全书23万字，由导言、正文和结语共9章构成。主要包括区域经济发展宏观调控的基本概念、理论基础、调控的历史演变、调控目标和内容、调控政策手段、调控组织体系、政府调控的地位和作用、国外的经验教训以及中国区域经济发展宏观调控存在的问题与解决问题的构想等，内容是十分丰富的。

该书创造性地构架了较为系统的研究框架，逻辑严谨，资料翔实，笔力深厚，是一本较好的学术著作。该书不仅具有一定的经济学理论广度和深度，是多学科、多层次综合研究的成果，而且具有一定的实际应用价值，可供我国区域经济发展宏观调控的实践者们参考。

# 3

# 多学科结合在一起的前瞻性研究[*]

蒋南平

江世银博士的《区域产业结构调整与主导产业选择研究》最近由上海三联书店、上海人民出版社出版。该书有以下优点：

第一，多学科的综合研究。把国民经济学、区域经济学和产业经济学三门学科结合在一起来研究区域产业结构调整和主导产业的选择，是很有理论价值的新研究。它科学地界定了主导产业的内涵，分析了主导产业对经济增长的效应，特别是主导产业与区域产业结构的关系。该书列举了 13 种不同的观点，作者认为，所谓主导产业，就是在经济发展中起主导作用的产业，是指那些产值占有一定比重、技术先进、增长率高、产业关联强，对其他产业和整个经济发展有较强带动作用的产业，通常又称带头产业或领航产业。关于主导产业与支柱产业的联系和区别的论述方面，提出了与他人有别的观点，且很有说服力，为今后主导产业的选择提供了重要理论根据。

第二，定量化的实证研究。作者从不同角度阐述了市场经济体制下的区域产业结构演变的规律，给出了区域产业结构调整原则，以及各级

[*] 江世银：《区域产业结构调整与主导产业选择研究》，上海三联书店、上海人民出版社，2004。

此文是蒋南平给《区域产业结构调整与主导产业选择研究》写的书评，发表于《中国工业经济》2004 年第 8 期。原文题目为《〈区域产业结构调整与主导产业选择研究〉评介》。

政府在调整中的作用。对区域产业结构更替过程中几组产业影响的分析，有独到的见解；对区域主导产业选择方法的立论及其流程的图解，很有深度和新意。该书在测度与分析区域产业结构和主导产业的方法上做了系统的整理和比较分析，对定量研究有积极作用。在统计资料运用上系统深入并能很好地支持自己的观点，反映出具有良好的实证分析素质。

第三，颇有针对性的政策研究。作者正确分析了区域产业结构趋同的成因，建议进行区域产业结构调整和主导产业选择的具体操作办法是切实可行的，提出的有关四川省的主导产业选择政策建议，也是有独到见解的。由于影响区域产业政策制定的因素很多，所以在制定和实施过程中必须充分考虑必要的因素，运用多种手段安排好区域产业发展序列并制定相关的各项政策。

该书也存在一些不足。例如，对区域产业结构的发展变化与行政区属及其政策之间的关系阐述得还不够深刻。以四川为实例的分析，固然有特色，但如果多分析几个省区，其内容就显得更充实一些。还有，该书研究虽然紧密联系当前我国加入 WTO 后对区域产业结构调整和主导产业选择的要求，是在开放经济条件下的一次初步探索，但还应加强对区域产业结构开放问题的研究。尽管不足是难免的，但更应该说的是，《区域产业结构调整与主导产业选择研究》是中国第一本将国民经济学、区域经济学和产业经济学三门学科结合在一起来研究的前瞻性著作。

# 正确选择和培育区域主导产业[*]

钟契夫

区域经济发展和产业结构调整是当前学术界和实际部门正在深入研究的热点和难点问题。区域产业结构问题是区域经济研究中的重要核心问题。现代区域经济的发展过程，就是区域产业结构不断调整的过程，也是主导产业的选择过程。它们是同一过程的两个不同方面，而不是两个不同的阶段和过程。可见，正确选择和培育区域主导产业成为实现区域经济乃至整个经济发展战略目标的一个十分重要的问题。要促使区域经济持续、快速、健康发展，就要研究区域产业结构调整和主导产业选择，用以指导实践。

江世银博士的学术专著《区域产业结构调整与主导产业选择研究》2004年4月由上海三联书店、上海人民出版社出版。它是作者近年来着力研究的一个重要课题，是在我指导下所作的博士学位论文基础上修改而成的一部颇有理论意义和学术价值的研究专著。它着眼于全局，立意宏大，把区域产业结构调整与主导产业选择问题融于一炉。这部专著是作者进行理论探索所获得的成果《区域经济发展宏观调控论》的姊妹篇。

---

[*] 江世银：《区域产业结构调整与主导产业选择研究》，上海三联书店、上海人民出版社，2004。

此文是钟契夫给《区域产业结构调整与主导产业选择研究》写的书评，发表于《经济理论与经济管理》2004年第10期。原文题目为《评〈区域产业结构调整与主导产业选择研究〉》。

可以说，该书是区域经济学、产业经济学、国民经济学、发展经济学中侧重于应用分析的，是理论与实践相结合的成果。我认为该书具有以下特色：

第一，选题角度好。中国作为发展中的大国，幅员辽阔，区域差异大，经济发展极不平衡。因此，对经济结构进行战略性调整的着眼点之一，就应当放在区域经济结构调整及其主导产业的选择上。也正因为如此，该选题及其研究成果对推动我国区域产业结构调整和主导产业选择的实践更具有指导意义和参考价值。

第二，有特色的实证分析。该书不但对我国改革前后区域产业结构的历史沿革进行了系统的梳理，更为可贵的是花了大量时间进行调查研究，较完整地把握了四川这个西部大省的产业结构现状及其主导产业选择情况，并以此为依据提出了四川未来的主导产业选择。在大力推进西部开发战略的今天，这种典型研究显然具有重要价值。

第三，选题具有强烈的现实针对性，填补了我国区域产业结构调整与主导产业选择研究中的一个空白。例如，把信息产业列为四川省主导产业之首，提出要突出抓好国家级的信息安全产品产业化基地，逐步形成以软件、集成电路为主的国家重要的电子信息产业基地等，这并非简单地肯定政府现有的决策，而是通过对主导产业内涵的深入研究并结合四川实际得出的结论。

当然，该书作为一部问题宏大的探索性和开创性的研究专著，尚不可能做得尽善尽美，有些观点和主张不免略显粗糙，需要进一步研究、深化认识和完善表述。该书作为一个阶段性的成果，还需要作者做进一步的充实和提高。但通览全书，则不失为一部成功的创新之作。

## 5

# 国家实施产业宏观调控的重要组成部分[*]

闻　潜[**]

　　区域产业结构调整和主导产业选择是国家实施的产业宏观调控的重要组成部分，进行此方面研究具有特别重要的理论意义和现实意义。经过多年的研究，江世银博士运用现代经济学中出现的数量经济学分析方法，从一些新的角度、视野对区域产业结构调整和主导产业选择研究进行了初步的尝试。他的博士论文《区域产业结构调整与主导产业选择研究》最近已由上海三联书店、上海人民出版社出版。它对于深入研究我国区域产业结构调整和主导产业选择无疑具有一定的推动作用，对于调整我国区域产业结构，进行区域主导产业选择实践都是有益的。浏览全书，觉得该书特点突出，在立足点、切入点和思路创新方面都有很值得称道的地方。全书包括6章和1个引言。其内容是非常丰富的。前5章是理论探索，最后1章是以四川为例所作的实证分析。这部专著是作者所著《区域经济发展宏观调控论》的姊妹篇。

　　该书较系统地研究了区域产业结构调整与主导产业选择的基本理论、基本方法和一般规律，初步构建了区域产业结构调整和主导产业选择的

---

　　[*]　江世银：《区域产业结构调整与主导产业选择研究》，上海三联书店、上海人民出版社2004。

　　此文是闻潜给《区域产业结构调整与主导产业选择研究》写的书评，发表于《经济学动态》2005年第3期。原文题目为《〈区域产业结构调整与主导产业选择研究〉简评》。

　　[**]　闻潜：中央财经大学经济学院教授、博士生导师。

研究框架和理论体系。全书采用实证分析与规范分析相结合、定性分析与定量分析相结合、理论与实际相结合的研究方法，设计了诸如主导产业选择流程图和产业政策与区域产业政策体系图。书中以四川为例所作的分析具有很强的现实指导意义。针对中国特大型国家区域问题的重要性、针对产业重复建设、盲目建设等产业趋同结构和主导产业与支柱产业等不清的问题，该书进行了深入的分析，结论是正确的，对实际工作具有参考价值。该书具有强烈的现实针对性，填补了我国区域产业结构调整与主导产业选择研究中的一个空白。该书的主要特色有：

第一，把国民经济学、区域经济学和产业经济学三门学科结合在一起来研究区域经济调整和主导产业的选择，是很有理论意义的新研究。它科学地界定了主导产业的内涵，分析了主导产业对经济增长的效应，特别是主导产业与区域产业结构的关系。关于主导产业与支柱产业的联系和区别的论述方面，提出了与他人有别的观点，且很有说服力。这些均不乏新意，为今后主导产业的选择提供了重要理论根据。

第二，作者从不同角度阐述了市场经济体制下的区域产业结构演变的规律，给出了区域产业结构调整原则，以及各级政府在调整中的作用。这些看法是正确的，也是有可靠根据的。对区域产业结构更替过程中几组产业影响的分析，有独到的见解。对区域主导产业选择方法的立论及其流程的图解，很有深度和新意。

第三，作者熟悉中国区域产业结构的形成过程，正确分析了区域产业结构趋同的成因，建议进行区域产业结构调整和主导产业选择的具体操作办法并由此选择的主导产业是切实可行的，提出的有关政策建议，也是难能可贵的。该书在测度与分析区域产业结构和主导产业的方法上做了系统的整理和比较分析，对定量研究有积极作用。在统计资料运用上系统深入并能很好地支持自己的观点，反映出作者具有良好的实证分析素质。

第四，很有应用价值的实证分析。该书采用排除法否定现有规划、方案中的某些观点，提出在当前结构调整中应重点发展的主导产业，我认为这不仅是有新意的，而且以四川为例的研究是非常有效的。考虑到四川的产业结构、经济发展水平、外部约束条件对于经济发展和主导产业的制约，为了充分发挥综合比较优势，江世银博士认为未来四川在主导产业选择上应重点发展电子信息业、生物制药业、丝麻纺织业、住房业、旅游业和金融业。

江世银博士的博士学位论文，在我国学术界很有影响的上海三联书店出版，可见其研究的理论意义和应用价值，不失为一部学术水平较高的创新著作。全书结构严谨，思路清晰，资料翔实，研究深刻，很有可读性。

# 6

# 区域产业结构调整与主导
# 产业选择的关联分析[*]

丁任重[**]

区域产业结构问题对世界上任何一个以工业化为中心发展经济的大国都是至关重要的。优化区域产业结构是每个国家，特别是在国土较大的国家经济发展过程中所必须解决的问题。它的优劣是一个区域经济发展质量和水平的重要标志，合理、高效的区域产业结构是区域经济大发展的必备条件。在我国这样一个幅员辽阔，区域差异很大，经济发展又极不平衡的大国. 区域产业结构优化问题显得格外突出和重要。主导产业是现代经济发展的驱动轮，也是形成合理的区域产业结构的核心。在某种意义上来说，区域产业结构调整的过程也就是主导产业的选择过程。区域产业结构调整和主导产业选择是国家实施的产业宏观调控的重要组成部分，其研究是区域经济学、产业经济学、国民经济学研究中的重大课题，也是发展经济学研究的一个重要方面。它是一个既富有较强理论性探索，又具有较强实践性指导的课题，因而研究这一课题具有重大的理论意义和现实意义。

---

* 江世银：《区域产业结构调整与主导产业选择研究》，上海三联书店、上海人民出版社，2004。

此文是丁任重给《区域产业结构调整与主导产业选择研究》写的书评，发表于《经济评论》2005 年第 3 期。原文题目为《区域产业结构调整与主导产业选择的关联分析——读〈区域产业结构调整与主导产业选择研究〉》。

** 丁任重：西南财经大学副校长、教授、博士生导师。

　　江世银的博士论文《区域产业结构调整与主导产业选择研究》已由上海三联书店、上海人民出版社于 2004 年 4 月出版。该书侧重于实证研究，运用现代经济学中大量出现的数量分析方法，从一些新的角度、视野对区域产业结构调整和主导产业选择研究进行了初步尝试。这部专著是江世银教授所著、由四川人民出版社 2003 年 6 月出版的《区域经济发展宏观调控论》（侧重于理论探索）的姊妹篇，是区域经济学、产业经济学、国民经济学、发展经济学中侧重于应用分析的，二者之间存在着密不可分的关系，是理论与实践相结合的成果。

　　该书系统研究了区域产业结构调整与主导产业选样的基本理论、基本方法和一般规律，初步构建了区域产业结构调整和主导产业选择的研究框架和理论体系。全书采用实证分析与规范分析相结合、定性分析与定量分析相结合、理论与实际相结合的研究方法，设计了诸如区域产业结构更替过程中的几组产业部门的影响图、主导产业选择流程图和产业政策与区域产业政策体系图。它是一本具有融学术性与实用性于一体的原创性专著，对于深入研究我国区域产业结构和主导产业选择无疑具有一定的推动作用，对于调整我国区域产业结构、进行区域主导产业选择实践都是有益的。书中以四川省为例所作的实证分析可供决策部门参考采纳，具有很强的现实指导意义。我认为，该书的主要特色是：

　　第一，研究角度创新。与已有的研究不同之处在于：该书不是就区域产业结构和主导产业论述区域产业结构和主导产业，而是跳出原有框架，将区域经济学、产业经济学、国民经济学三个经济学专业分支结合起来研究区域产业结构与主导产业选择，这在国内外是罕见的。可以说，从研究视角来讲，它寻找到了各学科的结合点，是多学科综合研究的成果。该研究成果对推动我国区域产业结构调整和主导产业选择的实践具有重要的指导意义和参考价值。

　　第二，全书紧密联系当前我国加入世界贸易组织后对区域产业结构调整和主导产业选择要求，是在开放经济条件下的一次初步探索。进行区域产业结构调整具有客观必要性，特别是适应加入世界贸易组织对区域产业更新的需要。区域产业结构调整本质上就是要选择和培育主导产业，合理确定其发展数量和规模。选择和培育区域主导产业，这是区域产业结构合理化的要求。

第三，该书在第3章设计了区域产业结构更替过程中的几组产业部门的影响图，在第4章设计了主导产业选择流程图和在第5章设计了产业政策与区域产业政策体系图等。这在国内外是少有或没有的。

第四，以四川省为例所作的实证分析是运用有关理论并进行系统研究在国内也是少有的，特别是提出四川省应重点发展的六大主导产业是有独到见解的。不但对我国改革前后区域产业结构的历史沿革进行了系统的梳理，更为可贵的是花了大量时间进行调查研究，较完整地把握了四川这个西部大省的产业结构现状及其主导产业选择情况，并以此为依据提出了四川省未来选择主导产业的重点。

该书出版后，在学术界和实际工作部门产生了很大反响。研究此问题的论著常引用其观点，实际工作部门也常将其作为决策参考。该书具有强烈的现实针对性，填补了我国区域产业结构调整与主导产业选择研究中的一个空白。由于我国实施产业政策时间不长，对区域产业结构调整和主导产业选择的实践过程还相当短暂，尤其是理论研究涉足不深，在许多重要方面也还不够完善，更不用说全面、深刻研究的专著，即使是研究性论文，也是寥寥无几。作者就是做到了。这就是他与别人不一样的地方。当然，在该书中还没有研究到的，可能他今后会获得更深入的认识。同样，其他学者也可能大大超过他。

# 7

# 构筑资本市场行为研究基础的心理理论[*]

杜金沛[**]

中国资本市场的发展可谓是起起落落、坎坎坷坷，与国外比较起来，市场交易总是更加突出地表现为频繁和大幅的波动。资本市场一直难以理想地发展。对此，虽理论界作过大量相关研究，但专门从预期角度来进行系统分析的论著却较为少见。在商务印书馆最近出版的、由江世银教授撰写的专著《中国资本市场预期》中对此给予了极富创新性的系统论述和精彩回答。该书获得了中国博士后科学研究基金和西南财经大学专著出版基金的资助。

（1）全书的写作首先抛弃了沿袭西方思想的简单套路，开宗明义并始终如一的从我国信用体系不发达、资本市场发展时间短的实际现状直接入手，并在此基础上来规范预期范畴的内涵以及相关研究的内容，进而运用系统论的方法来构筑和搭建中国资本市场预期问题研究的基本框架和逻辑脉络。这在很大程度上保障了全书分析层次的有序性和结构安排的巧妙性。可以说，作者对于整个写作框架的构思是颇费心机的。

（2）该项研究与国内学术界主要从研究资本市场的投机预期、宏观经济政策与个体预期及其形成机理的思路不同，而是着力研究较少涉及

---

[*] 江世银：《中国资本市场预期》，商务印书馆，2005。
此文是杜金沛给《中国资本市场预期》写的书评。原文题目为《构筑资本市场行为研究基础的心理理论——评〈中国资本市场预期〉》。
[**] 杜金沛：华南农业大学广东农村政策研究中心经济学教授。

的不确定性预期，并以此为基础沿着信息、不确定性预期行为和风险的线索层层展开进行分析。值得一提的是，该研究不是简单地把预期理论作为一项经济学流派来加以论述，而是把它作为一种新经济心理投资问题来考察。它突破了传统资本市场理论和预期理论简单的以理性化构建市场思想的束缚，既充分考虑市场因素与人的心理因素的作用，又以心理学对资本市场投资决策心理的研究成果为依据，使研究更贴近中国资本市场预期问题的实际，为西方资本市场预期理论运用于中国的实践研究提供了新视角和新手段。

（3）作者认为，如果考虑到中国的实际，那么中国资本市场投资者的表现具有迥异于西方适应性预期和理性预期的特征，而是表现为一种所谓的准理性预期或亚理性预期，即是已经跨越了适应性预期阶段，但由于多方面的限制，又不可能是完全的理性预期，更不是孔明预期。其基本特征是非完全刚性和非完全富有弹性。该书以准理性预期或亚理性预期的研究为基础，并积极运用于中国资本市场的实践问题研究，从而构成了此书的一个非常重要和鲜明的特色。

（4）该书着重指出，在中国资本市场上投资者常常犯系统性的错误，从而导致对各种预期的偏差，使资本市场显现出一些特异性现象。作者因此总结了中国资本市场预期的主要特征是：投资者预期是非理性的，系统性误差和浪费信息等现象是中国资本市场的普遍现象；投资者个体在对信息的处理上，并非都能有效利用有关经济信息来进行相关预期；并且，不同资本实力的投资者、不同年龄组的投资者、不同经验的投资者以及不同文化的投资者的心理预期都存在相当大的差异。作者同时认为，在中国资本市场上，存在的主要预期问题有：信息未能被充分利用、预期收益值偏高、预期不确定性估计不足、预期风险难以预测等。另外，在关于对中国资本市场预期的影响因素排序方面，作者认为，信息是第一位的，其次是经济不确定性、风险，最后是其他因素。

（5）作者在该书的最后试图从理论经济学、数量经济学、金融学、心理学、社会学等多学科进行综合分析，从理论上对它们的理论观点、主要模型、分析方法运用于中国资本市场预期的特征、作用和影响进行了较为深入的量化研究，并在借鉴西方资本市场预期收益模型基础上，结合中国资本市场实际，初步建立了体现不同约束条件下的中国资本市场预期收益的数学模型，包括支付信息成本后产生的预期收益模型、预期收益函数模型、不确定性状态下的投资预期收益模型、具有风险状态下的预期收益模型、证券投资组合的预期收益模型、均衡的预期收益模型、投资者预期收益贴现模型和债券投资预期收益模型等。这些模型基本反映了中国资本市场预期问题的实际，为切实提出解决对策提供了基本的科学依据。

该研究作为一项探索性工作，总体而言，研究的结论是基本可信的，为资本市场预期理论的中国化、本土化做了极其有价值的工作，对于形成具有中国特色的预期学派理论做出了杰出贡献。

## 8

# 进一步完善中国资本市场的对策建议[*]

刘锡良[**]

预期对资本市场的影响，是 20 个世纪 80 年代以来西方资本市场研究的热点问题。国外学者在"市场是有效的""投资者是完全理性的"假设前提下建立了一系列的预期模型，形成了理性预期学派的资本市场预期理论。这一理论是在发达的货币信用体系和完善的资本市场条件下产生的。我国的情况与之相反，资本市场的发展处于由不成熟向规范的转型时期。如何将西方资本市场预期理论运用于中国资本市场预期问题的研究，存在一个本土化、中国化的问题。正是如此，研究中国的货币信用体系不发达、资本市场发展时间短的预期问题是非常必要的。江世银的博士后研究报告《中国资本市场预期问题研究》经过修改，以专著形式《中国资本市场预期》由商务印书馆于 2005 年 11 月出版，就是基于这一目的。这事值得庆贺。

该书在借鉴西方资本市场预期理论研究成果的基础上，结合中国资本市场预期问题的特点，提出了测度预期作用的几类方法，并运用这些方法对中国资本市场预期作用的效果进行了实证检验。该书将资本市场

---

[*] 江世银：《中国资本市场预期》，商务印书馆，2005。

此文是刘锡良给《中国资本市场预期》写的书评，发表于《财贸经济》2006 年第 9 期。原文题目为《一项对我国资本市场研究具有前沿性和创新性的成果——评江世银博士著〈中国资本市场预期〉》。

[**] 刘锡良：西南财经大学中国金融研究中心主任、长江学者特聘教授、博士生导师。

的预期问题集中归结为投资预期收益问题，并在此基础上建立了一系列不同条件下的预期收益模型。该书紧密联系中国的实际，运用多学科综合分析的研究方法，把预期这一重要因素纳入中国资本市场的研究框架中，并建立了中国资本市场预期模型。这是一项具有前沿性和创新性的研究成果。它立足于理论前沿和实际需要，提出了一个中国资本市场预期问题研究和分析的基本框架，沿着信息、不确定性、风险这个思路建立了众多的数理研究模型，并由此展开了分析。针对当代中国资本市场预期问题的现状、预期理论与中国资本市场实践相结合所面临的问题，运用了马克思主义、现代经济学、金融学、心理学和数学等多学科综合研究的方法，吸取了现代西方理性预期与资本市场结合研究的最新成果，对中国资本市场预期问题进行了系统的探索，得出了一系列重要结论。该书具有以下特点：

（1）该书是具有重大现实意义的研究成果。我国资本市场的发展处于初期阶段，许多不成熟问题早已引起了学术界普遍的关注。在总结或评述前人对资本市场预期问题研究成果的基础上，该书提出并系统地研究了中国资本市场的预期问题。从信息、预期收益不确定性和风险对资本市场的作用和影响入手，书中指出了中国资本市场的低效率和信息不完备使得投资者预期具有较强的突变性，导致了投资行为的非理性。该书针对中国资本市场的特殊性及改善预期的重要性，提出了进一步完善中国资本市场的对策建议。作者运用多学科的研究工具，建立了适合我国资本市场预期问题的数学模型，这对于培育理性投资理念、推动中国资本市场走向规范，具有重要的现实意义。

（2）该书是具有很强理论价值的研究成果。由于我国与西方发达市场经济国家在资本市场的现实状况方面存在很大的差别，预期学派的理论观点在我国无法得到充分印证。作者运用现代计量经济学理论，在预期理论与我国资本市场预期的实际数据相结合方面做出了有益的尝试，这是丰富预期理论和完善现代金融理论体系的重要贡献。对中国资本市场预期问题，我国目前尚缺乏系统的研究，因而江世银同志的研究成果在国内尚属罕见，具有很强的理论参考价值。

（3）该书在研究体系上有很大创新。它不仅是国内外第一部系统研究预期理论进展和争论的学术成果，而且具有鲜明的独创性。在研究方法上，作者运用数量经济学、金融学、心理学、社会学、数学等学科工具，建立了不同投资前提约束条件下的投资预期收益模型，对我国资本市场预期的特征、作用和影响进行了深入研究，为我国资本市场研究提供了独特的视角。对中国资本市场的预期问题从多学科的视角进行了综合分析，从信息、不确定性、风险这个思路建立起众多的数理研究模型，丰富了中国资本市场理论。该书提出了"孔明预期"概念并给予了理论解释，这也是作者的创新之处。

总之，该成果拓展了资本市场研究的空间，提高了资本市场研究的理论层次，是一项具有较高水平的研究成果。

## 9

# 开创资本市场预期理论的研究[*]

蒋南平

中国经济的深入发展，已使经济社会各领域发生了深刻变化。人们的预期，作为一种广泛的心理行为倾向，无时无刻不影响到宏观与微观的经济行为。中国的资本市场从无到有，从不完善到完善，在构建社会主义市场经济体系中起到了至关重要的作用。

在影响资本市场变化的诸多因素中，最重要的因素就是预期。故在西方国家，经济学家们逐步形成了各种资本市场预期理论。但这些理论毕竟是在西方国家的市场经济背景下产生的，要将其直接置于中国不发达、不完善的市场经济中加以运用，无疑会"消化不良"。即便我国经济达到了西方国家的发展水平，也不能完全照搬这些理论，因为这样很可能会出现"水土不服"。如何根据中国的实际情况，借鉴西方的理论，形成真正反映中国资本市场变化的预期理论，真正为中国的经济改革及发展服务，是一项伟大而极有意义的工程。中国经济学者及实际工作者应为之而努力。

可喜的是，中央财经大学金融学院博士后流动站博士后江世银教授的新著《中国资本市场预期》，为开创中国资本市场预期理论的研究，作了可贵和有益的工作。该书由商务印书馆出版发行，洋洋30余万字，反

---

　＊　江世银：《中国资本市场预期》，商务印书馆，2005。

　　此文是蒋南平给《中国资本市场预期》写的书评，发表于《经济纵横》2007年第1期。原文题目为《〈中国资本市场预期〉评介》。

映了中国资本市场预期理论研究的最新成果，对中国资本市场的健康发展，对国民经济的宏观调控，对政府的经济决策的影响，功不可没。该新著分为10大部分。导论部分对全书的研究框架和主要内容、研究方法等作了概括，并对国内外学者在资本市场预期理论方面的研究成果作了比较和评述。第二部分对研究中国资本市场预期涉及的相关概念作了界定。第三部分则较系统地介绍了迄今为止资本市场的预期理论，清晰地展现了这些理论的核心内容及不足之处。第四部分对预期作了一般的理论分析，阐述了预期的特征、本质、测定方法及影响因素。第五部分对资本市场与预期之间的关系作了较深入的分析，广泛地利用投资需求的传导机制、投资供求变动、收益弹性、收益率及市场风险等方面的理论或工具进行阐释。第六部分则具体研究了预期对中国资本市场的作用和影响，分别从多角度进行分析。第七部分主要从实证的角度揭示中国资本市场各类预期问题的表现。第八部分则是在前面几部分的研究基础上建立了不同信息条件下、不确定状态下、存在风险条件下的投资收益模型及投资组合的投资收益模型、均衡的预期收益率模型、债券投资的预期收益模型、投资者预期收益贴现模型等等，初步形成了一个模型体系。第九部分与第十部分主要根据其理论成果提出若干有针对性的对策建议，并指出了该领域尚待进一步深入研究的问题及理论发展前景。综观全书，剖析深入，逻辑性强，文字简练，工具运用得当。深邃的思想火花及创新之笔随处可见，是一本值得研读的专著。

该专著具有若干不同于其他同类型专著的特色。第一，借鉴现存理论，但大胆突破现存理论。中外学者形成的诸如风险预期、资本市场博弈预期等理论，书中有所借鉴。但该书又能从众多预期理论中汲取精华，将其与中国的资本市场结合起来，并进行量化研究，走出了结合中国实际，突破现存理论的新路。第二，建立了较系统的中国特色的资本市场预期理论模型。事实上，能否透彻地分析中国资本市场的预期问题，揭示千变万化的中国资本市场规律，关键在于建立相关模型。该书到达了这个目的。第三，阐述了"马克思的计划预期理论"，认为它对虚拟经济中投资的不确定性和预期的相关分析，是一种科学的资本市场预期理论，对理解和分析资本市场投资者预期的不稳定性有重要借鉴意义。第四，将研究成果具体化为可操作性的对策，以期解决现实中国资本市场的预期问题，也是该书的一个鲜明特色。

# 10

# 一种具有可操作性的投资理念[*]

赵鹏飞[**]

江世银教授的又一新书《中国资本市场预期》由商务印书馆出版了。这是一部很有创新性的学术专著。预期作为一种心理现象越来越受到经济学家的关注，行为金融的研究越来越受到重视。中国资本市场预期问题的提出，不仅对现代金融理论的发展有学术价值，更在于它提出了一种具有可操作性的投资理念，投资者和投机者如何形成他们的预期，他们的预期如何影响资本市场的供求关系以及政府如何影响这些预期，这些都是中国资本市场上很现实但又难以回答的问题。本书对这个问题作了深入的现实研究和理论探讨。全书既重点突出，又详略得当。其研究内容丰富，思路清晰。

此书立足于理论前沿和实际需要，提出一个中国资本市场预期问题研究和分析的基本框架。中国的资本市场预期问题与西方的资本市场预期问题不同，西方的资本市场比较完善，资本市场的发展普遍存在着诸如预期心理因素等一系列因素对它的作用和影响，他们建立了一些资本市场的预期模型。此书总结了资本市场预期发展的规律，结合中国资本市场的现实情况，提出了有力的资本市场预期的模型。此书的所有内容

---

 \* 江世银：《中国资本市场预期》，商务印书馆，2005。

此文是赵鹏飞给《中国资本市场预期》写的书评。原文题目为《评〈中国资本市场预期〉》。

\*\* 赵鹏飞：中国劳动关系学院经济管理系副教授、中国人民大学博士后、著名财经评论员。

都是从中国资本市场发展现状和信用薄弱的情况切入进行分析的，而不是简单沿袭西方的研究思想。根据预期的内涵和资本市场预期研究的情况，从系统论的角度考察，它构建了中国资本市场预期问题研究的基本框架。全书分为一般理论分析、具体实证分析和对策分析三个部分。

通观全书，我们可以看出有以下的特色：

（1）观点新颖。资本市场的预期问题是现在经济金融研究的热点问题之一，很多理论研究的方向在资本市场的投机预期、个体预期、预期形成机理等方面。在我国资本市场发展的实践中，很多学者对资本市场难以健康发展的原因进行了种种探索，但是忽视了预期收益的不确定性对资本市场的作用和影响。此书却从不确定性行为的预期角度进行研究，实属少见。

（2）研究综合。此书运用经济学理论、金融学、心理学、社会学、计量经济学等学科对这个资本市场的预期问题进行了综合的研究。在国内还没有建立起适合中国资本市场预期问题研究的数学模型及西方发达资本主义国家资本市场预期理论还没有全面系统地被中国投资者们所掌握的情况下，此书能够从多学科的角度对其进行综合研究的确是显示了作者的深厚功力。

（3）模型科学。预期本身是一种心理现象，很难量化。特别是对中国的资本市场，进行量化是相当困难的。此书借鉴了西方的预期收益模型，结合中国资本市场的现实情况，建立了包括不确定状态下的预期收益模型，预期收益函数模型、均衡预期收益模型等。众多的模型是在不同的投资约束条件下的函数关系。

（4）方法多样。此书的研究方法包括：单因素分析和多因素分析法；定性分析和定量分析相结合的方法；实证分析和规范分析相结合的方法；中外比较、中外结合的方法；图表分析法。这些方法很恰当地运用在中国资本市场预期问题的研究上。

该书具有众多的创新点，是研究中国资本市场的一部前瞻性著作，填补了我国在中国资本市场研究中的一个空白。它的出版，必将进一步深化对中国资本市场研究向纵深方向发展。

# 艰辛的探索丰硕的成果[*]

蒋南平

经济学博士后江世银教授所著的新书《中国经济发展的宏观金融经济学探索》最近由中国经济出版社出版了。该书作为研究我国经济与金融领域方面的一项成果，花费了作者15年的努力。该书是作者在世纪之交围绕经济生活中的突出问题，力求从中国的实际出发，"从实践经验中探索一些规律性的东西而撰写的。"综观全书，下列特点流动于字里行间。

（1）研究内容广泛而系统。作者集平生所学，注重经济学及金融学领域中各部分内容的有机联系，从多视角广泛而系统地研究了基本经济学原理，研究了经济学发展史，既着重阐述了理论经济学的重要内容，又较全面地探索了应用经济学的基本规律。同时，作者通过对相应研究内容有目的地分类，使看似庞大的研究体系能够做到条理清晰、纵横分明，所阐释的经济理论形成了一个有机联系的系统。

（2）紧扣时代特色，注重理论的应用性。作者在长期的学术积累及写作中，紧密注意经济社会的发展，认真研究时代的进程，紧扣时代特色，将理论与实践很好地结合起来，突出了理论的应用性。例如，在我

---

[*] 江世银：《中国经济发展的宏观金融经济学探索》，中国经济出版社，2006。

此文是蒋南平给《中国经济发展的宏观金融经济学探索》写的书评，发表于《天府新论》2006年第6期。原文题目为《艰辛的探索丰硕的成果——〈中国经济发展的宏观金融经济学探索〉评介》。

国改革开放较长一时期后，作者及时总结了"我国二十年经济体制改革的基本经验"。在面临知识经济的挑战时，作者及时进行研究，认为"知识经济是推动经济发展的有力杠杆"。当我国消费需求不足时，作者及时分析了"目前我国启动内需缓慢的原因及其危害"。中央提出西部大开发战略后，作者及时关注"西部大开发与西部地区现代化建设"，如此等等。理论注重应用，作者通过对我国许多地区，如四川、宁夏或许多领域如区域经济发展、投资结构调整、资本市场预期、农村社会保障等的研究，将理论与实践结合起来。

（3）注重理论创新。在该著作中，随处可见理论创新。例如，针对社会主义市场经济条件下是否存在剩余价值的问题，作者经过认真的研究，明确提出"剩余价值也是社会主义市场经济的基本范畴"的新观点。在对马克思价值理论的研究基础上，提出"科技工作及经营管理是劳动的重要形式"的新看法。特别是在研究中国资本市场预期问题时，建立了中国资本市场预期收益的新模型。更为可贵的是，将中国资本市场预期的形成分为了五个阶段，第一次提出孔明预期的内涵，等等。无疑，这些创新的思想对理论研究有重大的意义。

# 12

# 西部地区战略性产业结构布局探索*

魏后凯**

当前，我国西部大开发已经进入了一个新阶段。在这一新的阶段，如何采取切实有效的政策措施继续推进西部大开发，不同学者从不同角度提出了自己的看法。尽管各种观点所强调的侧重点有所不同，但有一点却是共同的，即从长远发展来看，西部大开发必须要有坚实的产业支撑，而强化这种产业支撑的核心是大力发展特色优势产业。正因为如此，近年来有关部门和学术界加强了对西部产业发展方面的研究，并从不同角度进行了有益探索。最近，由中国人民大学出版社出版的江世银教授的新著《西部大开发新选择——从政策倾斜到战略性产业结构布局》就是其中的代表之一。

该书从国家战略与政策的视角，对我国西部大开发战略的实施效果和经验教训进行了比较系统深入的评价和总结，在此基础上，提出了继续推进西部大开发的战略和政策选择思路。作者认为，在继续实施西部大开发战略中，必须推进从政策倾斜到西部地区战略性产业结构布局的转变。书中详细讨论了实现这种战略转变的必要性，以及推进西部地区

---

* 江世银：《西部大开发新选择——从政策倾斜到战略性产业结构布局》，中国人民大学出版社，2007。

此文是魏后凯给《西部大开发新选择——从政策倾斜到战略性产业结构布局》写的书评，发表于《中国工业经济》2007年第10期。原文题目为《〈西部大开发新选择〉评介》。

** 魏后凯：中国社会科学院工业经济研究所研究员、博士生导师。

战略性产业结构合理布局的内外条件、战略思路、方案设计和具体政策措施。按照作者的观点，区域战略性产业结构布局确定的是区域战略性产业在整个区域宏观地带间的择优布局，即各战略性产业在东、中、西部地区之间的合理分布和布局。言外之意是，要通过西部战略性产业结构的合理布局，来进一步推进西部大开发。为此，作者提出应调整国家支持政策体系，更多地依靠从政策倾斜到西部地区战略性产业结构布局的转变，从短期需求的财政货币政策到长期供给的产业政策和短期需求的财政、货币政策以及恰到好处的人力政策的协调配合。

该书具有以下三个特色：一是研究视角新。与已有研究不同的是，该研究不是就西部大开发政策论述西部大开发政策，而是从区域经济学、产业经济学、国民经济学和发展经济学等多学科视角进行综合政策协调研究，是从西部地区未来的战略性产业结构布局这一视角展开的。二是重点突出。该书各章节紧紧围绕从政策倾斜到战略性产业结构布局这一主线展开，并从不同侧面对实现这种战略和政策转变进行了较深入的探讨。三是针对性强。针对目前西部大开发政策存在的主要问题，该书有针对性地提出了继续推进西部大开发的具体政策措施，如西部地区战略性产业结构布局的方案设计、促进合理布局的对策措施，以及强调国家财政货币政策、产业政策和人力政策的协调配合。

总之，该书从西部战略性产业结构布局这一新的视角，对我国西部大开发理论和政策进行了积极有益的探索。不足之处是，该书对"战略性产业结构布局"概念的界定还有待深化，对西部战略性产业与西部特色优势产业之间的区别和联系，以及如何依靠东西互动尤其是东西企业互动加快西部战略性产业发展等问题，还有待在今后研究中进一步加强。

# *13*

# 西部大开发新选择*

蒋南平

区域经济发展是有阶段的，不同阶段应有不同的特色。落后地区开发也是有阶段的，在不同阶段需要实施不同的开发政策。我国过去的西部大开发采取的是政策倾斜和优惠，由于政策实施效应递减，现在需要调整政策，由政策倾斜向西部地区战略性产业结构布局转变。近年来，江世银教授正是在这方面进行着不断的探索。

江世银所著的《西部大开发新选择——从政策倾斜到战略性产业结构布局》一书，对西部大开发战略实施情况，实施前后东、中、西部地区发展差距，实施的政策效应评价和经验总结；在实施过程中推进从政策倾斜到西部地区战略性产业结构布局转变的必要性，继续推进西部大开发战略性产业结构布局的方案设计，以及西部地区战略性产业结构布局的内外条件和合理布局，继续推进西部大开发战略的财政货币政策、产业政策、人力政策、立法政策以及战略性产业结构布局政策进行了系统的分析和研究。相较于同类著作，本书的创新之处主要体现在以下方面：

---

＊ 江世银：《西部大开发新选择——从政策倾斜到战略性产业结构布局》，中国人民大学出版社，2007。

此文是蒋南平给《西部大开发新选择——从政策倾斜到战略性产业结构布局》写的书评，发表于《社会科学研究》2008年第2期。原文题目为《〈西部大开发新选择——从政策倾斜到战略性产业结构布局〉评介》。

（1）研究角度创新。与已有的研究不同，本书不是就西部大开发政策论述西部大开发政策，而是将区域经济学、产业经济学、国民经济学和发展经济学四个经济学专业分支结合起来进行多学科的综合政策协调研究，立足于西部地区未来战略性产业结构布局视角。这在国内外是少有的。

（2）研究范围的扩大和研究视野的创新。本书紧密联系我国在加入WTO后的过渡期对西部地区产业结构调整和战略性产业布局的要求，在开放经济条件下所做的一次积极探索。

（3）更有针对性的、可实际操作的对策研究。以西部地区为例所做的区域战略性产业结构实证分析采用相关理论并进行系统研究，这在国内的同类研究中也是少有的，所提出了西部地区的战略性产业结构布局对策更是难能可贵。

（4）研究方法的多样性。本书在提出继续实施西部大开发对策研究中采用实证分析与规范分析相结合的方法，既有定性分析，又有定量分析，既参考国内过去实施西部大开发的历史经验，又吸取国外落后地区开发的成功经验和失败教训，采取比较法、多因素复杂分析法、综合系统分析法和SWOT分析法等进行分析，理论联系实际，提出有用的、可操作的参考对策建议，在研究中广泛收集实施西部大开发的有关数据，以更有针对性地说明问题，论证观点。

实施西部大开发，加快西部地区发展，是党中央从我国社会主义现代化建设全局出发做出的重大战略决策，实施西部大开发关系着国家经济社会发展大局。由于西部大开发是一项规模宏大的系统工程，也是一项长期艰巨和复杂的历史任务，所以，我国需要采取切实有效的政策措施继续推进西部大开发，实施更加有效的西部大开发战略。近年来，江世银教授一直在关注这一问题，曾主持了四川省哲学社会科学"十五"规划2003年重点课题《西部大开发与区域经济协调发展研究》，参加了国家软科学课题《我国加入WTO后的区域战略性产业结构布局研究》等研究。本书正是在国家哲学社会科学基金项目"继续推进西部大开发战略对策研究——从政策倾斜到西部地区战略性产业结构布局"基础上修改而成的，是作者对西部大开发战略的一次更深入、更系统和更全面的思考，书中的观点具有较强的现实针对性和可操作性，是一部具有重要的实际运用价值和理论意义的力作。它不仅可为实际工作部门提供参考依据，而且可以丰富区域经济发展阶段理论。

# 预期理论的演变和发展[*]

杨玉生[**]

最近由经济科学出版社推出的四川省委党校江世银教授所写的《预期理论史考察——从理性预期到孔明预期》一书，以实事求是的科学态度和方法对预期理论演变和发展做了有益的探讨。正如该书作者指出的，预期在人类经济活动中具有重要的意义，"无论是进行投资还是进行消费，要想取得成功，都必须进行尽可能准确的预期。"预期理论是随着人类社会经济实践活动的发展而不断丰富和完善的。

## 一 关于马克思主义预期理论

该书给了马克思主义预期理论以一定的地位。在论述马克思主义预期理论时，论述了包括马克思、恩格斯、列宁、斯大林、毛泽东和邓小平与计划思想相联系的预期理论。作者正确指出，预期问题在马克思主义经济理论发展中一直占有很重要的地位，从马克思关于计划的论述到邓小平对此的相关阐述，马克思主义预期理论也一直在发展，并对经济

* 江世银：《预期理论史考察——从理性预期到孔明预期》，经济科学出版社，2008。

  此文是杨玉生给《预期理论史考察——从理性预期到孔明预期》写的书评，发表于《学术界》2008年第3期。原文题目为《预期理论的演变和发展——兼评〈预期理论史考察〉》。

** 杨玉生：辽宁大学经济研究所原教授、博士生导师。

问题的解决具有很强的现实指导意义。

### （一）马克思和恩格斯的预期理论

从马克思以来，马克思主义经典作家总是把预期分析作为其理论基础之一。例如，马克思关于资本主义经济矛盾，即个别企业生产的有组织、有计划和整个社会生产无政府状态的矛盾的分析，便体现了这种预期的分析。按照马克思在《资本论》中的分析，在资本主义下面，单个企业的生产活动是以企业预期收益为转移的，单个企业主总是在竞争的压力下进行生产和管理上的创新，有计划地安排其生产。为了实现预期收益，单个企业主按预期来进行投资和生产，根据对未来价格的判断来决定生产的规模，决定劳动力的雇用、原材料的购买等等。但从全社会角度看，整个社会生产却呈现出无序的状态，并由此造成资源配置的浪费和经济危机。应该说，马克思关于社会主义代替资本主义的科学论断，也是一种预期分析。列宁称此为科学预见。

### （二）列宁的预期理论

列宁发展了马克思和恩格斯的预期理论。作者指出，列宁的预期思想和理论体现于他的社会主义计划理论，并且随着实践的发展而发展。十月革命以后，列宁强调在社会主义制度下，应该对产品的生产和分配实行"全民的、包罗万象的、到处通行的最精密最负责的计算"，所谓最精密的计算，照本书作者的看法，很类似于预期的说法。作者认为，列宁当时强调全社会需要通过保持经济总量的平衡来实现其计划性，这种计划性本身就体现了对经济总量的预期。

在新经济政策时期，列宁认为国家可以以市场为基础，再加以自觉地调整，实现国民经济的计划性，即按比例发展，按照本书作者概括的，也就是要有恰当的预期。有了恰当的预期，国民经济才能获得快速发展。

### （三）斯大林的预期理论

斯大林在其领导苏联进行社会主义建设的实践中，形成了高度集中的计划经济体制，并由此形成了其关于计划的预期思想。斯大林认为，社会主义计划经济以有计划、按比例发展规律为基础，是生产资料公有制的产物。该书作者就此正确认为，有计划、按比例就是事先安排，是对全社会人、财、物分配的预期。作者也指出了斯大林预期思想的局限性。

## （四）毛泽东的预期理论

毛泽东的预期理论在中国长期的革命和建设的实践中均有所体现。毛泽东强调"凡事预则立，不预则废"，高度重视作为主观能动性范畴的预期和计划的积极意义。作者认为，毛泽东的论述突破了所谓计划是"法令性""指令性"概念，看到了计划经济的不足。作者指出，毛泽东计划预期思想的内容非常丰富，对我国经济建设实践产生了重要作用和影响。

## （五）邓小平的预期理论

依照该书作者的说法，邓小平是从宏观角度分析得出其预期理论的，而体现这种预期理论的邓小平关于计划与市场的论述，是马克思主义计划理论在当代的发展，也是迄今为止对计划理论的最精辟的论述。作者认为，邓小平在马克思主义计划理论和预期理论发展中的历史功绩在于他突破了传统的关于市场经济和计划经济"姓资""姓社"的思维定式，把它们归结为经济调节或资源配置的手段，社会主义和资本主义都可以用，从而拓展了经济分析的思路，把马克思主义计划理论和预期理论推进到一个崭新的阶段。

作者带有结论性地指出：马克思主义计划预期理论在马克思主义经济理论中占有重要的地位，对现实经济问题具有不可替代的指导意义。社会主义国家的经济建设实践，特别是政府宏观调控实践，需要马克思主义预期理论的正确指导。没有马克思主义预期理论的正确指导，就不能达到预期的目标。

## 二 关于凯恩斯主义以前的预期理论

除了马克思主义预期理论发展史外，作者还详细论述了非马克思主义预期理论的发展史。在标题为"凯恩斯主义以前的相关预期理论"的第三章，论及了马歇尔、费雪、希克斯、威克塞尔、林达尔、米尔达尔、丁伯根诸人的预期理论。这些人都属于新古典经济学家范畴，在基本理论观点上没有重大的分歧，都主张经济自由放任和市场调节，反对政府对经济的干预。但在预期问题上却见仁见智，各自提出了具有自己理论特色的预期理论。

该书作者把上述经济学家的预期理论看作是简单的预期论，认为这些预期理论尚不是很全面、很深刻的。这是在经济活动还不甚复杂，市场不确定性尚未充分表现出来，人们的经济利益和预期的联系尚不十分紧密的情况下所产生的预期理论。作者认为，这些预期理论还不是现代意义上的预期理论。历史地看，这些理论既有其进步性，也有其局限性。

## 三 凯恩斯的预期理论

在非马克思主义预期理论的发展史上，凯恩斯预期理论的形成具有非常重要的意义。凯恩斯是 20 世纪 20～30 年代预期理论的集大成者。凯恩斯的预期理论是同对未来的不确定性的认识相联系的，凯恩斯强调未来的不确定性，同时也就强调预期的作用。

凯恩斯预期理论见之于其《货币改革论》《货币论》，尤其见之于其现代宏观经济学奠基之作《就业利息和货币通论》。在《货币改革论》中，凯恩斯主要阐述了汇率预期、价格预期（即通货膨胀预期）和利润预期。在《货币论》中，凯恩斯初步讨论了预期对企业主行为从而对经济活动水平的影响。在《通论》中，凯恩斯把预期概念作为其理论体系的基石。凯恩斯对于就业水平、货币供求、投资水平以及经济周期的分析和探讨，都是建立在预期概念的基础之上的。由此，他建立了其完善的预期理论。作者认为，凯恩斯的预期理论是无理性预期理论，反映了 20 世纪 30 年代资本主义大危机时期资产阶级对资本主义动荡不安前景的悲观心理。凯恩斯把预期和不确定性带到经济理论研究的核心位置上，是他对经济理论发展的一大贡献。但其预期理论是"无理性预期"论，适应经济情势的需要，这种"无理性预期"论会将代之以更新的和更为完善的"理性预期"理论。

## 四　理性预期理论

在西方经济学界，把理性预期理论的产生看成是宏观经济学领域最重要的理论创新。该书作者把理性预期理论的产生看作是一个历史过程，也看作是一个由简单到复杂和由低级向高级发展的预期理论走向完善的逻辑过程。理性预期理论的产生使现代宏观经济学发生了重大变化。以无理性预期为基础的凯恩斯主义宏观经济学，由于理性预期理论的产生，而演变成为以理性预期理论为基础的新古典宏观经济学。

作者在论述理性预期理论时着重论述了作为理性预期理论基础的"三个假说"，准确地阐述了理性预期理论的基本特征和基本观点。理性预期假说认为，作为经济活动者，人都富有理性认识，是理性经济人，他们必然会尽力获得最充分的信息并有效地加以利用，就是说，他们要进行理性预期，并以理性预期作为经济决策的基础。他们的预期是主动的，决策是明智的，从而有效地实现其效用或利润最大化的目标。"自然率"假说，或称"不变性"假说，其基本含义是，政策变量（如货币供给）中可预测的变动，只对价格变量产生影响，而对产量、就业量以及经济中的其他实际变量不产生影响。所谓货币非中性假说是指，经济周期类型依然以某种有意义的方式依赖于重要的货币活动。据说，由于信息可能是不完全的，也可能使人们的预期出现偏差，货币供给的变动也在一定程度上影响产量和就业，因而货币均衡价格的变动可能同货币供给的变动不成比例。货币非中性假说是对货币中性假说的补充。基于上述假说，理性预期理论建立了其货币理论，经济周期理论，并阐发了其独具特色的关于菲利普斯曲线的理论观点。

同时，作者正确地指出了理性预期理论的政策含义：政策无效。既然人们总是以其理性预期作出与政府政策干预相反的经济决策，既然货币中性的货币供给的变化仅仅影响经济中的名义变量而不影响实际变量，既然经济总是实现其自然率，那么，政府任何旨在干预经济的政策都将归于无效，而且政府政策本身反而成了经济不稳定的因素。所以，按照理性预期理论，政府应该实行有利于人们预期的调整政策，或使政策保持长期稳定。

# 五 作者对预期理论创新的尝试——"孔明预期理论"的提出

作者对预期的最重要的贡献，是他提出了自己的预期理论，并把这一理论命名为"孔明预期理论"。这一理论的提出是建立在对理性预期理论的批评之上的，作者对理性预期理论的批评集中于其完全信息的假定上。作者认为，由于信息的不完全性和不对称性，更由于资本市场中存在非信息驱动的交易，理性预期显露出了严重的局限性。按照理性预期理论的看法，资本市场供求价格的均衡是理性预期均衡，是建立在当时完全信息结构基础之上的。而当资本市场出现新的信息结构并且发生变化时，原有的理性预期均衡就将被打破，就将在新的信息结构基础上建立新的均衡。

作者认为，"孔明预期"是为克服理性预期的不足而产生的，也是为丰富和完善理性预期而发展的。"孔明预期"克服了静态预期、外推型预期、适应性预期和理性预期的不足，吸收了这些预期，特别是理性预期的优点。它在掌握充分信息的基础上，在科学预测方法的指导下，利用过去和现在的经验，对所有的经济变量进行准确的预测。按照该书作者的界定，"孔明预期"的基本理论要求包含如下各项：①掌握完全的信息；②使用恰当的预期形成方法；③预期是与实际结果完全一致的。作者把他所提出的孔明预期看作是更高阶段的理性预期，是包含于理性预期的大范畴之中的预期概念，是处于理性预期中的核心地位的预期。

# 六　简要评论

该书对预期理论的考察是富有成果的，可以说是一本关于预期理论的百科全书，人们可以从该书中了解到任何一种预期理论的基本观点、政策含义和分析方法，以及从一种预期理论发展另一种预期理论的发展线索。

从研究方法上说，该书贯彻了历史和逻辑统一的原则。对预期理论发展的阐述，体现了从简单到复杂、从低级到高级的理论演变的途径，这既是预期理论发展的历史过程，也是预期理论发展的逻辑过程，是这两种发展过程的高度统一。这种研究和分析方法，可以使人们从预期理论的历史嬗变和逻辑演变的视角上把握每种预期理论的基本特征，确定其应有的历史地位。

该书贯彻了理论创新的原则。对预期理论发展史的考察，吸纳了现代预期理论的最新研究成果。特别值得一提的是，该书作者以理论创新的勇气和严肃的科学态度对预期理论的创新做了有益的尝试，首次提出了"孔明预期理论"。虽然这一新理论尚有待于进一步完善，或者需要进一步研究，但作者的理论创新精神是值得赞扬的。

另外，此书也存在一些不足之处，本文以为，该书对马克思主义预期理论的探讨篇幅似嫌过少，探讨得不够充分。书中把马克思主义的计划理论等同于其预期理论似乎也不妥。虽然，预期和计划存在着不可分割的联系，但预期不等于计划，首先是预期，然后才有计划，计划是实现预期的决策或手段。似乎不应将它们相混淆。再者，马克思主义所说的计划本质上是一种经济制度或经济体制，和预期不是一回事。根据马克思主义认识论，人们对于客观世界的认识只能是一部分一部分地认识，既不是"不可知论"，也不是"一次完成论"。凯恩斯的无理性预期具有"不可知论"的特征，而理性预期理论强调经济活动者可以掌握完全的信息，似乎又有"一次完成论"之嫌，这是违反马克思主义认识论的。

　　人们掌握的信息是不充分的，更不可能做到掌握完全的信息。从经济学上分析，人们获得信息是有代价的，或者说是需要支付成本的。人们所能获得的信息也必须满足边际收益等于边际成本的要求，就是说，获取信息的边际成本等于所获信息的边际收益决定其信息的获取量。而这个信息量并不一定就是可以使人们进行理性预期的完全的信息量。再加上经济活动者之间（例如委托人和代理人之间）的信息不对称等因素，即使不说根本做不到理性预期，也难矣哉！至于像诸葛亮料事如神那样的"孔明预期"——预期即是现实，虽然设想得很美妙，恕我直言，恐怕只能出现于文学虚构的世界。现实却不存在实现这种预期的条件。

# 15

# 经济预期理论研究的一个推进[*]

刘 瑞[**]

经济预期是指经济行为人对于经济变量（如价格、利率、利润以及收入等）在未来的变动方向和变动幅度的一种事前估计或主观判断。显然，正确的预期有助于市场主体适当行为，而错误的预期将导致市场主体行为失当甚至血本无归。江世银教授长期关注经济预期问题，继出版了《中国资本市场预期》（商务印书馆）之后，又推出了新作《预期理论史考察——从理性预期到孔明预期》。

作者在该书中认为，预期的发展经历了静态预期、外推型预期、适应性预期、正在经历理性预期和未来的孔明预期等五个阶段。理性预期向前发展必然会产生孔明预期。现实经济生活中普遍存在的是理性预期、准理性预期或亚理性预期。无论是进行投资还是进行消费，要想取得成功，都必须对未来的经济变量进行尽可能准确的预期。该书主要有以下特点：

第一，较为详细地考察了各种预期理论。该书对预期理论的发展进行了历史的考察，包括预期与预期理论的产生、马克思主义的预期理论、

---

* 江世银：《预期理论史考察——从理性预期到孔明预期》，经济科学出版社，2008。

此文是刘瑞给《预期理论史考察——从理性预期到孔明预期》写的书评，发表于《天府新论》2008年第6期。原文题目为《经济预期理论研究的一个推进——评〈预期理论史考察——从理性预期到孔明预期〉》。

** 刘瑞：中国人民大学经济学院副院长、教授、博士生导师。

凯恩斯主义以前的相关预期理论、凯恩斯的预期理论、理性预期理论产生前的三种非理性预期理论、理性预期学派理论、孔明预期理论和不同预期理论的启示等内容。

第二，提出并论证了一种新的预期理论——孔明预期理论。作者在书中提出了所谓孔明预期（Kong Ming Expectations）。这是一种界定极少数经济当事人采取科学预测方法来完全预测到经济变量将要发生的变化，所预测到的结果与实际发生的结果是完全一致的理论假说。为此要求孔明预期者掌握完全的信息，使用恰当的预期形成方法，预期与实际结果是完全一致的。显然，这个假说精神与西方古典经济学的经济人完全理性假说精神是一致的。作者借用中国历史上料事如神的人物名字对西方古典经济学说中的这种假说进行了中国化的解释。

第三，众多预期理论人物的介绍。国外在预期理论上做出突出贡献的有乔治·沙克尔、约翰·R. 希克斯、劳埃德·阿普尔顿·梅兹勒、菲利普·卡甘、约翰·穆斯、爱德蒙·费尔普斯、贝纳特·麦克拉姆、肯尼思·沃利斯、罗伯特·E. 卢卡斯、鲁迪格尔·多恩布什、托马斯·J. 萨金特、斯坦利·费希尔、帕特里克·明福特、罗伯特·巴罗、约翰·泰勒等。作者对他们的基本生平、主要著述、基本观点和学术贡献进行了逐一介绍；并对国内在预期理论上做出长期研究和贡献的学者进行了介绍。我相信这种系统地介绍有助于读者及其预期理论研究者能够更好地把握预期理论发展方向。

16

# 增强西部地区自身的造血功能*

覃成林**

江世银教授等学者的新作《增强西部地区发展能力的长效机制和政策》最近由中国社会科学出版社出版。该书为其主持的国家社会科学基金课题（批准号：07BJY072）成果，具有以下优点：

第一，多学科的综合研究。该书从区域经济学、国民经济学和发展经济学的角度对增强西部地区发展能力这个主题开展跨学科的综合政策协调研究。该书从这些学科的视角出发，对已实施的西部大开发政策的效应进行了客观的评估，总结了西部开发政策的成功经验，指出现行政策主要是短期的需求政策。这是发挥多学科综合研究的力作。

第二，分析理论基础的构筑。该书提出了西部地区发展能力这一核心概念，对其内涵进行了科学的研究；界定了增强西部地区发展能力长效机制的内涵。提出，所谓西部地区的发展能力就是西部地区的要素凝聚能力、资源整合能力、科技进步能力、制度创新能力及科学决策能力；增强西部地区发展能力的长效机制，实际上是改变西部大开发战略中短期的政策支持、资金投入政策，转为建立长期稳定的西部开发资金渠道，

---

* 江世银等：《增强西部地区发展能力的长效机制和政策》，中国社会科学出版社，2009。此文是覃成林给《增强西部地区发展能力的长效机制和政策》写的书评，发表于《中国工业经济》2010 年第 10 期。原文题目为《〈增强西部地区发展能力的长效机制和政策〉评介》。

** 覃成林：暨南大学经济学院教授、博士生导师。

增强西部地区自身的造血功能，从而实现西部地区长久的可持续发展。

第三，严密分析逻辑的建立。全书从优化支出结构、完善金融服务、改善投资环境、完善社会化服务、提高科技含量、完善立法等六个方面，构建了增强西部地区发展能力的长效机制，主要包括创新增强西部地区发展能力的财政投入机制、创新增强西部地区发展能力的"造血"机制、创新增强西部地区利用外资能力的吸引机制、创新增强西部地区吸引民间投入的参与机制、建立增强西部地区科技能力的创新机制；根据这些机制，很有针对性地提出了建立和完善增强西部地区发展能力的财政政策、金融政策、产业政策、人力政策、对内对外开放政策和法律政策等。

第四，具有重要的现实意义和理论意义。该书所探讨的西部地区发展能力问题是西部地区经济发展中的核心问题。在继续推进西部大开发战略的今天，该书研究增强西部地区发展能力的长效机制和对策，为国家完善和创新西部地区发展政策提供决策参考，无疑具有重要的现实意义。同时，该书对国家实施西部大开发战略及政策的经验与问题所做的分析总结，丰富了欠发达地区增强发展能力的成功经验，对于形成有中国特色的欠发达地区发展理论具有积极的贡献。

当然，该书也存在一些不足。例如，在开放经济条件下，如何增强西部地区的发展能力研究；第六章关于创新增强西部地区吸引民间投入的参与机制还需加强。不足是难免的，但综观全书，围绕增强西部地区发展能力这个重大现实问题，创新性地提出了构建增强西部地区发展能力的长效机制和政策建议，为进一步加快西部地区经济发展，完善西部地区开发政策措施，提供了新的视野。毫无疑问，这一新作从决策参考的角度对西部大开发这个伟大的事业做出了新的贡献。

# 17

## 增强西部地区发展能力的长效机制和政策[*]

由中国社会科学出版社出版的江世银教授等学者的著作《增强西部地区发展能力的长效机制和政策》是他主持的国家社会科学基金课题（批准号：07BJY072）成果。该书的特色是：

第一，很有意义的研究。该书研究具有重要的理论意义和实践意义，可以丰富大国落后地区增强发展能力的成功经验和吸取失败教训，从而形成有中国特色的落后地区发展理论；可以提高继续推进西部大开发战略实施对策的针对性和有效性。该书研究不仅关系到西部地区的稳定和发展，而且关系到全国宏观经济整体效益提高和国民经济的持续、稳定、协调发展。在继续推进西部大开发战略的今天，这种典型研究显然具有重要的现实意义。

第二，内容十分丰富。该书从区域经济学、国民经济学和发展经济学的角度，针对增强西部地区发展能力这个主题开展了跨学科的综合政策协调研究。该书内容十分丰富，主要包括：已实施的西部大开发政策主要是短期的需求政策；西部地区发展能力不强的多因素分析；增强西部地区发展能力长效机制的总体分析；优化财政支出结构，创新西部地

---

[*] 江世银等：《增强西部地区发展能力的长效机制和政策》，中国人民大学出版社，2009。此文是《理论与改革》编辑部对《增强西部地区发展能力的长效机制和政策》的介绍，发表于《理论与改革》2010 年第 6 期。原文题目为《〈增强西部地区发展能力的长效机制和政策〉介绍》。

区发展的财政投入机制；完善金融服务，增强西部地区发展能力的造血机制；改善投资环境，增强西部地区利用外资的吸引机制；完善社会化服务，增强西部地区吸引民间投入的参与机制；提高科技含量，增强西部地区科技能力的创新机制；完善立法，增强西部地区发展能力的法律保障机制；建立和完善增强西部地区发展能力的各项政策。

第三，研究的大胆创新。与已有的研究不同之处是，该书的研究角度新颖，以增强西部地区发展能力为例，所作的大胆探索是运用有关理论并进行的系统研究。它不是就西部大开发政策单方面论述西部大开发政策，而是从区域经济学、国民经济学和发展经济学三个经济学专业分支结合的角度，对增强西部地区发展能力进行多学科的综合政策协调研究。这在国内外是少有的。这是富有创新研究的成果，在国内也是少有的，特别是提出了更有效的、可供操作的增强西部地区发展能力的财政、金融支持政策、产业政策和法律政策等，是具有创新研究的成果，在国内外是少有的。

第四，应用前景广阔。西部地区的发展能力问题是西部地区经济发展中的重要核心问题。要促使西部地区经济持续、快速、健康发展，就要研究增强西部地区发展能力的长效机制和对策并以此获得正确的认识用以指导实践。在这种背景下，研究增强西部地区发展能力的长效机制和对策课题无疑具有重要的实践参考价值。该书对增强西部地区发展能力的长效机制和各项政策进行了系统的梳理，在此基础上进行调查研究，较完整地把握了西部地区发展情况，并以此为依据提出了增强西部地区发展能力的长效机制和相应的财政、金融、产业、人力、对内对外开放和立法政策等。其应用前景广阔表现在可以提高继续推进西部大开发战略实施对策的针对性和有效性。越是深入推进西部大开发，越能体现该书的应用价值。

当然，该书也存在一些不足。其一，在西部地区发展能力不强的多因素分析中，对西部地区社会文化、人文历史、民族特点等因素的分析涉及不够，不利于深入地揭示西部地区发展环境与条件的特殊性。其二，在西部地区研究中，对西部内部区域差异性与联系性了解不够。增强西部地区的发展能力，国家高度重视加大对西部地区特别是对西部的革命老区、民族地区、边疆地区、贫困地区、三峡库区以及资源枯竭型城市等区域的政策支持力度。此书对此虽有涉及，但研究还需要深入。

综观全书，该书围绕了增强西部地区发展能力这个重大现实问题，创新性地提出了增强西部地区发展能力的长效机制和政策建议，为进一步加快西部地区经济社会发展，完善西部地区开发政策措施，开阔了视野。毫无疑问，他们的这一新作从决策参考的角度对西部大开发这个伟大事业做出了新的贡献，值得关注西部大开发事业的有关人士学习和借鉴。

# 18

# 发展中国家金融体制改革的"中国模式"*

曾康霖**

江世银教授的新著《中国金融体制改革 30 年的理性思考》最近已由京华出版社出版。该书通过对中国金融体制改革 30 年的实践历程进行深入研究，探讨了改革之中的货币金融运行发展规律。该书作者认为，中国的金融体制改革取得了重大突破，改革的方向是正确的。它打破了传统的金融体制，一步步地建立起了适应社会主义市场经济发展要求的多元化的金融体系。该书主要特色有：

（1）内容丰富，把握住了重点。全书包括七章内容，主要是：相关文献回顾及评论；中国传统金融体制的形成及其弊端；中国金融体制改革的理论分析；中国金融体制改革的历史回顾；深化金融体制改革的若干主要问题；中国金融体制改革与经济体制改革的内在逻辑及基本经验和对中国金融体制改革的评论。

（2）它是对中国金融体制改革进行深刻研究的既有理论探索又有应用研究的实证分析。其理论探索体现在对经典作家和国内外经济金融学者的观点进行评论，不仅对中国金融体制改革进行了理性思考，而且对

---

　*　江世银：《中国金融体制改革 30 年的理性思考》，京华出版社，2009。

　　此文是曾康霖给《中国金融体制改革 30 年的理性思考》所写的书评，发表于《经济学动态》2009 年第 5 期。原文题目为《〈中国金融体制改革 30 年的理性思考〉评介》。后本书因市场需求经适当修改以《中国金融体制改革的理性思考》出版。《中国金融体制改革的理性思考》，中国财政经济出版社，2009。

　**　曾康霖：西南财经大学中国金融研究中心教授、博士生导师。

中国金融体制改革进行了实事求是的评论，由此指出了中国经济体制改革与中国金融体制改革的内在逻辑。其应用研究体现在找出深化金融体制改革的若干主要问题并由此提出了相应的对策，特别是提出了中国金融体制改革所要达到的最优金融体系目的和可供实践参考的"中国模式"。

（3）它分析了经济体制改革与金融体制改革的内在逻辑。这种逻辑关系不仅表现在经济体制改革要求利用金融杠杆、完善宏观调控、创造资金供给等方面；而且使得金融体制改革丰富了经济体制改革的内容。它指出经济体制改革与金融体制改革相伴而生、相辅相成，我国30年的经济体制改革历程同时也是金融体制改革的历程，反映了作者研究视角的系统性、综合性和相关性。

（4）它不仅是一种历史分析，而且也是一种理论（对策）研究。它是对中国金融体制改革的一个阶段性探索，是中国金融体制改革的应用对策研究。这种研究以史论结合为主，全面分析和研究了中国金融体制改革过程，深刻揭示了中国金融发展的一般规律，提炼了发展中国家金融体制改革的"中国模式"。它不仅可以用于指导中国金融体制改革的实践，而且可以向发展中国家提供可供参考的操作性建议。

该书的主要创新点有：①借鉴中国经济体制改革的成功经验，尝试性地系统总结了发展中国家转型经济体中的"金融改革发展论"经验。适应经济市场化和经济全球化发展的需要，通过经济体制改革和金融体制改革，以市场配置资金为主、以政府配置资金为补充，实现利率和汇率市场化，最终建立起政府主导下充分发挥市场机制作用的金融体系，这是发展中国家金融体制改革的"中国模式"。②对中国金融体制改革进行了系统的历史分析。该书对中国金融体制改革的发展过程进行了较为详细的研究，将中国金融体制改革分为金融体制改革的发轫期、金融体制改革的推进期、金融体制的全面改革期和金融体制改革的新时期等四个阶段。其中，前三个阶段都是中央政府主导型的改革，而最后一个阶段是以WTO规则为基础的国际规则导向型的改革。③提出了减少中国金融体制改革震荡的金融改革对策。该书认为中国金融体制改革取得了巨大的成绩，为经济体制改革提供了成功的基本经验。④该书作者提出了中国的最优金融体系既不是英美的"市场主导型"金融体系，也不是德日的"银行主导型"金融体系，而是政府主导下充分发挥市场机制作用的金融体系。

# *19*

# 开拓预期理论与预期问题研究的新领域[*]

李建军[**]

预期作用于金融宏观调控的效率问题，是关于金融宏观调控作用过程和渠道及其作用程度和效果的重要问题，涉及经济金融的多个方面，也是在有效实施宏观调控中需要研究的一个重要理论课题。影响金融宏观调控效率的因素很多，其中，预期是一个重要的因素。预期是指经济行为当事人在作出行动决策之前对未来经济形势或某一经济变量所作的主观判断、估计或预测。市场经济越发展，越需要宏观调控，也就越有预期因素的作用和影响。伴随经济市场化和经济货币化程度提高的金融宏观调控，必然引起利益调整，全社会的预期就会发生变化。为适应新的经济生活，人们就会出现一个心态调整期，因而，就会出现金融宏观调控乏力的问题或存在调控与反调控的矛盾现象。预期已越来越引起人们的注意。在提出什么样的金融宏观调控政策时，人们仅仅把预期作为一个方面，还没有放到应有的高度来认识。预期是如何作用于金融宏观调控的效率？采取什么方法来测度预期作用于金融宏观调控的效率？怎样检验预期作用于金融宏观调控的效率？政府怎样提高预期对金融宏观

* 江世银：《预期作用于金融宏观调控的效率》，中国金融出版社，2010。

此文是李建军给《预期作用于金融宏观调控的效率》所写的书评，发表于《求索》2011年第 1 期。原文题目为《开拓预期理论与预期问题研究的新领域——读〈预期作用于金融宏观调控的效率〉》。

** 李建军：中央财经大学金融学院副院长、教授、博士生导师。

调控作用的效率来达到预期的目标？这些问题由于尚未解决而需要进行系统深入的研究。这就需要研究预期对金融宏观调控效率的作用和影响。近年来，活跃于学术界并取得了丰硕成果的江世银教授能紧跟时代步伐进行这方面的研究是难能可贵的。《预期作用于金融宏观调控的效率》是江世银对预期理论与预期问题研究的第三部个人学术专著。

该书在分析前人已取得成果的基础上，作者从预期的角度分析了金融宏观调控效率的高低。其目的在于为政府提高宏观调控的效率服务，为政府实施更加可靠和有效的金融宏观调控政策提供科学的理论依据和政策建议。因而，这一研究具有重大的理论意义和现实意义。它不仅形成、丰富和发展了具有中国特色的预期理论和宏观调控理论，而且通过制定恰当的宏观经济政策以引导人们的正确预期，克服它的消极影响，发挥它的积极作用。这一研究深刻揭示了预期作用于金融宏观调控的效率问题，丰富和发展了预期学派理论，形成了有中国特色的预期学派理论和宏观调控理论；研究预期作用于金融宏观调控的效率，为政府制定切实可行的宏观经济政策、提高金融宏观调控的效率提供了借鉴；正确引导人们的观念更新，使人们具有理性的投资行为和消费倾向，从而提高金融宏观调控的效率。这不仅具有重大的现实意义，而且也正是其应用价值所在。随着现代货币信用经济的发展和所实施的金融宏观调控，这就越体现其应用价值，其前景也就越广阔。

该书主要解决了前人没有解决的预期作用于金融宏观调控的效率问题。第一，运用金融效率理论，深刻分析了影响预期作用于金融宏观调控效率的因素，建立了效率的解释结构模型。第二，将传统的静态预期、外推型预期、适应性预期和理性预期模型与中国金融宏观调控效率结合起来，提出了模型的假设条件并根据它建立了适合中国国情的预期作用于金融宏观调控的效率模型。第三，运用预期理论、宏观调控理论和行为金融学理论，借助已有的评价指标并结合金融宏观调控效率测定方法如时间预期法、预期作用率法、投资者预期指数法、投资者信心指数法、消费者信心指数法和 Granger 因果检验法等进行了相应的评价。与其他的有关研究相比，该书的特色表现在：第一，它既不是纯理论分析，也不是纯应用分析，而是包含中国金融宏观调控预期模型的既有理论探索又有应用研究的实证分析。第二，它是理论经济学、金融学、管理学、心理学、社会学和数量经济学等多学科并以金融学、管理学和心理学为主的综合研究。第三，采用实证分析法为主、定性与定量分析相结合、运用中西方对比的综合方法，建立了预期作用于金融宏观调控的效率模拟模型，并运用了系统仿真的方法进行分析。从他所进行的创新性研究来看，他不愧为国内研究预期理论与预期问题的权威专家。

尽管该书对中国金融宏观调控效率中的预期因素进行了全面系统的论证，尤其是其中某些理论上的突破是很有价值的，但仍有进一步研究的问题。该书没有用剩余测定法等来检验预期作用于金融宏观调控效率的高低，因而显得不够深入。虽然该书提出了预期对进出口的作用和影响，但几乎没有进行深入的分析，所以，要准确全面地掌握预期对金融宏观调控效率高低的作用还需要这方面的研究。

# 20

# 预期作用于金融宏观调控的效率<sup>*</sup>

刘锡良

　　人们的预期已越来越影响到金融宏观调控效率的高低。在基于对未来经济预期的金融宏观调控下，决策者必须对未来的经济运行趋势作出判断，从而制定相应的货币政策进行金融宏观调控。金融宏观调控的实践需要对此进行深入系统地研究。近年来，预期研究者江世银的新作《预期作用于金融宏观调控的效率》已出版，其主要结论是：预期对金融宏观调控效率的高低具有重要的作用和影响。

　　该书的研究具有重大的理论意义和现实意义。该书借鉴了发达国家预期作用于金融宏观调控效率的评价理论和方法，结合中国的具体实际，从战略的高度系统地提出了一套适合中国国情的预期作用于金融宏观调控效率的评价体系、方法，建立了科学的预警机制，设计了高效率的调控模式。这对于提升政府进行金融宏观调控决策的科学性、减少调控政策失误、不断提高预期作用于金融宏观调控效率的水平和保持国民经济的持续、快速和健康发展，都具有重要的理论意义和现实意义。该书在理论与方法上实现了其研究领域的突破与创新，在实践上推进和深化了金融宏观调控改革。该书的创新之处表现在：

---

　　* 江世银：《预期作用于金融宏观调控的效率》，中国金融出版社，2010。
　　此文是刘锡良给《预期作用于金融宏观调控的效率》所写的书评，发表于《经济学动态》2011年第4期。原文题目为《影响金融宏观调控效率的预期研究——评江世银博士的新作〈预期作用于金融宏观调控的效率〉》。

（1）借鉴理性预期学派、行为金融学派所取得的成就并结合中国实际，建立了崭新的预期作用于金融宏观调控效率的数学模型。该书对预期作用于金融宏观调控的效率进行了大量的量化分析。预期是一种心理因素，很难进行量化分析，必须借助多种经济变量加以检验。该书借助于投资、消费、储蓄、$M_0$、$M_1$、$M_2$、利率、通货膨胀率和经济增长率等经济变量指标进行了大量的数量分析，并借助了多种经济变量对预期作用于金融宏观调控的效率进行了检验。

（2）提出了减少中国金融宏观调控中不良预期对效率作用的并具有可操作性的相关经济政策。该书从预期的角度分析了金融宏观调控效率的高低，提出了有针对性的可供操作的政策建议，如政府需要正确引导预期来调控宏观经济的运行，正确引导预期以增强货币政策的实施效应，正确引导预期以增强货币政策的可信度，从而保持金融宏观调控政策的稳定性、连续性与可预期性。只有这样，政府才能避免金融宏观调控的低效或无效。

（3）通过预期作用于金融宏观调控效率决定因素模型的建立与研究，丰富和发展了预期学派理论。在金融宏观调控中，人们的预期影响到货币政策的制定和实施，有的调控会达到预期的目标，从而表现出高效率的调控；有的调控不能达到预期的目标，从而调控出现低效甚至无效。该书对中国金融宏观调控效率中的预期因素进行了全面系统的论证，尤其是其中某些理论上的突破是很有价值的。预期作用于金融宏观调控的效率既是一个理论性很深，又是一个实践性很强的重大现实问题，其中的研究意义和价值是不言而喻的。尽管该书的研究获得了许多新的认识，但仍有进一步研究的必要。我认为，该书还需要完善对预期作用于金融宏观调控效率的检验方法，还需要分析预期对进出口的作用和影响。只有这样，才能更准确地掌握金融宏观调控的效率，才能提出更有针对性的对策建议。

综观全书，该成果不仅开阔了金融宏观调控理论与实践研究的视野，而且拓展了预期理论与预期问题研究的空间，是一本很值得阅读的书。

# *21*

# 宏观经济走势把控的理论探索与创新*

杨继瑞**

近年来，在国内预期理论研究领域造诣颇深、堪称其中的领军型学者之一的江世银教授，最近出版了《预期理论在宏观经济中的应用》一书。这是江世银教授长期以来对预期理论与预期问题研究的第四本个人学术专著。该作有以下几个特点：

第一，该书将各种不同的预期理论应用于宏观经济中，已大大超出了新古典宏观经济学的最新认识。虽然新古典宏观经济学在 20 个世纪已经达到了预期理论的最高峰，但是，大量的非理性预期在宏观经济中的应用涉及较少，更由于内外经济环境和条件的变化，所以，预期也在不断地变化。预期理论有一个产生、发展并逐步完善的过程。从理性预期到孔明预期的变化就说明了这一点。该书较为详细地论述了静态预期理论、外推型预期理论、适应性预期理论、理性预期理论和孔明预期理论，并对这些理论在宏观经济中的应用进行了较为系统的探索。正是如此，《预期理论在宏观经济中的应用》获得了国家社科基金的后期资助（批准号：11FJL002）。这是一本完整的研究预期理论在宏观经济运行中运用的著作。

----

\* 江世银：《预期理论在宏观经济中的应用》，人民出版社，2012。

此文是杨继瑞给《预期理论在宏观经济中的应用》所写的书评，发表于《经济学动态》2012 年第 9 期。原文题目为《〈预期理论在宏观经济中的应用〉简评》。

\*\* 杨继瑞：重庆工商大学校长、教授、博士生导师。

第二，该书进一步阐述了孔明预期理论并对孔明预期理论在宏观经济中的应用进行了深入分析。作者很早就关注预期理论，直到 2000 年才在《经济研究》上发表第一篇文章，2005 年才在商务印书馆出版第一本专著。该书的出版，时间看来很短，但他在探索、在思考，才能写出这样的好书。虽然作者在其第一本专著《中国资本市场预期》（商务印书馆，2005）中就提出了孔明预期概念，但当时分析得很不完整、不全面。随着作者研究的深入和认识水平的提高，其第二本专著《预期理论史考察——从理性预期到孔明预期》（经济科学出版社，2008）对孔明预期理论进行了研究，初步提出了这一理论并建立了相应的数学模型。然而，这种研究也还是初步的。由于研究侧重点的需要，其第三本专著《预期作用于金融宏观调控的效率》（中国金融出版社，2010）虽对此有所完善，但进展仍然不大。这第四本专著《预期理论在宏观经济中的应用》已对孔明预期理论在宏观经济中的应用进行了力所能及的分析，如建立了通货膨胀与通货紧缩的孔明预期模型。尽管还有诸多不足，但孔明预期理论在该书中已基本成型。它为后来的通货膨胀孔明预期管理模型建立和完善打下了基础。这是作者对预期理论的一大贡献。

第三，该书的预期研究内容十分丰富。预期理论在宏观经济中的应用，就是指在宏观经济中预期是如何产生、发展和起作用的。由于预期广泛地存在于宏观经济运行中，加之它的复杂性，所以，研究预期理论在宏观经济中的应用，其内容十分丰富。除了导言外，《预期理论在宏观经济中的运用》共有八章内容。从宏观经济应用中的预期分析开始，该书深入地阐述了各种不同的预期理论，包括传统的预期理论，理性预期理论，非孔明预期理论与孔明预期理论等。此外，它还提出了粘性预期理论、准理性预期理论或亚理性预期理论也是预期理论中的表现。这些预期理论在人们的经济活动尤其在宏观经济运行中产生了不同程度的作用。通过对各种不同的预期理论在投资预期、消费预期、通货膨胀预期与通货紧缩预期、就业预期与失业预期、总收支预期在宏观经济中的运用等进行的深入系统研究，由此书中提出了提高预期作用于宏观经济政策实施效应的措施。这不是预期理论资料的堆集，而是这些理论在宏观经济中运用的有益探索。

第四，该书的预期理论与预期问题研究很贴近现实。正如有的经济学家所说的，理论研究能够在现实中得到应用并可供实际操作部门参考才有其价值。这部著作不仅有众多的理论介绍和新理论、新观点的提出，而且对投资预期、消费预期、通货膨胀预期、通货紧缩预期、就业预期、失业预期、收入预期、支出预期等进行了深入研究。这些研究在其政策建议中提出"在政策实施前考虑预期对宏观经济运行的影响，在政策实施中正确地引导预期的变化，在政策实施后确保人们的正确预期。"特别是实施能较好地改变政策预期的宏观经济政策建议提得非常好。他在《人民日报》等处发表的《加强宏观经济中的预期引导》对当政者有一定的影响。这些都是预期理论研究贴近现实的表现，而该书更加明显。

# 三

## 新思路的经济学分析

# 区域经济发展宏观调控论[*]

宁吉喆[**]

当今世界各国，无论发达资本主义国家还是发展中国家，普遍存在着区域经济发展差距问题。如何调控区域经济发展差距，实现区域经济协调发展，是各国普遍关注的热门话题之一，也是我国在 21 世纪所迫切需要解决的重大问题之一。由于我国是一个区域经济发展很不平衡的大国，因此对中国区域经济发展差距问题的研究十分重要。改革开放以来，持续扩大的区域经济发展差距问题及其带来的各种社会经济效应，一直是政府、学者、民众共同关注的热门话题。特别是在我国加入 WTO 后，如何根据国内外的新形势和区域经济与社会发展中所面临的新任务，对区域经济发展不平衡问题进行新的探索，提出新的思路与对策，理论界和实际工作部门责无旁贷。中国的特殊国情和国民经济的持续、快速、健康发展，客观上要求宏观调控应把全国经济的统一性和区域经济的特殊性有机地结合起来，要求我们应加强对宏观调控中区域经济发展问题的研究，特别是要加强我国区域间经济绝对差距逐年扩大的现实状况的研究。很多学者从各个不同侧面对区域经济发展与宏观调控进行了广泛的探讨，取得了很好的成果。我国区域经济发展差距问题备受关注，逐步缩小地区发展差距已经提上议事日程。但是，目前我国在这一领域的

---

[*] 江世银：《区域经济发展宏观调控论》，四川人民出版社，2003。

此文是宁吉喆给《区域经济发展宏观调控论》写的序。

[**] 宁吉喆：国务院研究室副主任。

研究仍然是一个薄弱环节。有关区域经济发展的著述和成果不断出现，加强对市场经济宏观调控的著述和成果也可谓是汗牛充栋，但如何将二者结合起来的研究在国内外还不多见。对其进行专门而系统地研究，可以说还是一片空白。而且，完整地获取这方面的资料，并开展较为深入的分析，还存在一定的难度。

在此，我向广大读者朋友推荐这本专著《区域经济发展宏观调控论》。它是作者江世银博士近年来潜心研究的成果，是《区域产业结构调整与主导产业选择研究——以四川为例所作的实证分析》的姊妹篇。可以说，《区域产业结构调整与主导产业选择研究——以四川为例所作的实证分析》侧重于应用分析，而《区域经济发展宏观调控论》则侧重于理论探索，二者相互联系，密不可分，从实践到理论，相得益彰。这是一本有份量的书，不仅内容丰富，而且观点新颖。从书的名称可以看出，作者明确提出了区域经济发展宏观调控问题，把两个不同的经济学分支——国民经济学与区域经济学结合起来，进行专题研究。

一提到宏观调控，往往指的都是国家对经济总量和经济结构的调节和控制，但区域经济发展中同样存在着宏观调控问题。如果没有专门的理论研究，就难以正确指导区域经济发展宏观调控的实践。一个国家，特别是一个大国，如何有效地组织区域经济，形成合理的区际分工和一体化的空间市场体系，保持整个区域经济的协调发展，防止区域不平衡的差距过大，是国民经济运行中不可回避的重要课题。寻求这一重要课题的答案，有赖于深入探讨和分析区域经济发展宏观调控问题。这不仅关系到各区域经济的长远发展，而且关系到全国宏观经济整体效益的提高和国民经济的持续、稳定、协调发展。这是一个具有重大理论和实践意义的课题。作者勇于研究这样一个富有开拓性和挑战性的课题，这是难能可贵的，表现出了一种为中华崛起而努力的积极进取精神。

《区域经济发展宏观调控论》运用区域经济学和宏观经济学的基本原理，在吸取区域经济学、发展经济学、宏观经济学、产业经济学、空间经济学等相关学科研究成果的基础上，较为系统地研究了区域经济发展宏观调控问题。全书由导论、正文和结语构成。它主要包括区域经济发展宏观调控的基本概念、理论基础、调控的历史回顾、目标和内容、政策手段、组织体系、政府的地位和作用、国外的经验教训以及中国区域经济发展宏观调控存在的问题及解决构想等，内容是十分丰富的。

在发展社会主义市场经济条件下，按照区域经济发展的客观规律，组织和调控区域经济发展，具有重要的理论意义和现实意义。而对区域经济发展进行宏观调控和干预的实践，又离不开理论的研究。本书作者经过长期的思考和探索，一方面将宏观经济理论的研究推向深入，另一方面又将区域经济发展与宏观调控有机地结合起来，努力为国家实施区域经济发展宏观调控提供科学基础和理论的依据。考虑到中国区域经济发展差距大的特殊国情，要促进国民经济持续、快速、健康发展，客观上要求把全国经济的统一性和区域经济的特殊性有机地结合起来，要求加强宏观调控中的区域经济发展问题研究。

本书提出了一些新的观点，如科学地界定了区域经济发展宏观调控概念，系统地阐述了对区域经济发展进行宏观调控的体系，提出了中国区域经济发展宏观调控的构想。它不仅具有一定的经济学理论的广度和深度，而且具有一定的实际应用价值，可供我国区域经济发展宏观调控的实践者参考。该书创造性地构架了较为系统的研究框架，逻辑严谨，资料翔实，笔力深厚，是一本较好的学术著作。

当然，江世银同志在本书中提出的某些新观点，还需要进行理论的深入推敲和实践的检验。但一个新观点的提出，不可能一开始就站得住脚，甚至还可能是错误的。只有大胆探索，坚持真理，修正错误，不断创新，理论才能发展，社会才能进步。在此，殷切希望作者就区域经济发展及其宏观调控问题继续研究下去，不断攀登理论研究的新高峰。同时，也请大家共同关注这一问题，为促进我国区域经济协调发展，实现社会主义现代化建设第三步战略目标添砖加瓦。

写上几句，是为序。

2002 年 10 月 12 日于北京

# 2

## 区域产业结构调整与主导产业选择*

钟契夫

区域经济发展水平及区域间的经济关系，很大程度上取决于各区域产业结构的合理性，区域产业结构问题对世界上任何一个大国以工业化为中心的经济发展都是至关重要的。区域产业结构不仅是区域经济发展的关键因素，而且通过相互关联影响着区域国民经济总体的增长和展。可见，区域产业结构问题是区域经济研究中的重要核心问题。现代区域经济的发展过程，就是区域产业结构不断调整的过程，也是主导产业的选择过程。要促使区域经济持续、快速、健康发展，就要研究区域产业结构调整和主导产业选择，以获得正确的认识用以指导实践。进入21世纪，随着知识经济的发展和经济全球化趋势的不断增强，产业竞争力问题日益引起人们的关注，世界性的产业结构调整与改造正在广泛而深入地展开。我国"十五"计划中也明确提出十五期间我们的经济工作要以结构调整为主线。在这种背景下，研究"区域产业结构调整与主导产业选择"课题无疑具有重要的理论意义和实践参考价值。

区域经济学、产业经济学、国民经济学问题很大、很复杂，可研究的问题也很多，要深入研究区域产业结构和主导产业很不容易，要求有较高的理论素养，掌握丰富的资料，并运用现代经济学分析方法。特别

---

*　江世银：《区域产业结构调整与主导产业选择研究》，上海三联书店、上海人民出版社，2004。

此文是钟契夫给《区域产业结构调整与主导产业选择研究》写的序。

是将三个不同的经济学专业结合起来进行研究更是如此。好在江世银同志是一位刻苦钻研的青年学者，具备研究这些重大问题的能力和条件。因此，近年来他的研究硕果累累，在读博士的三年期间就在《经济研究》《经济学动态》《光明日报》等报纸杂志上发表学术论文30多篇，是我系本届博士生中发表论文最多的一人。有的论文已获得有关部门和社会的关注和好评。

《区域产业结构调整与主导产业选择研究》是作者近年来着力研究的一个重要课题，是在我指导下所作的博士学位论文基础上修改而成的一部颇有理论和现实意义的研究专著。它着眼于全局，立意宏大，把区域产业结构调整与主导产业选择问题融于一炉。这部专著是作者所著《区域经济发展宏观调控论》的姊妹篇。可以说，《区域经济发展宏观调控论》是区域经济学、产业经济学、国民经济学、发展经济学中侧重于理论探索的，《区域产业结构调整与主导产业选择研究》是侧重于应用分析的，两者之间存在着密不可分的关系，理论与实践相结合的成果。我认为作者在以下三个方面的努力和探索是值得肯定的。

第一，选题角度好。中国作为发展中的大国，幅员辽阔，区域差异大，经济发展极不平衡，区域产业结构优化问题显得格外突出和重要。因此，对经济结构进行战略性调整的着眼点之一，就应当放在区域经济结构调整特别是区域产业结构调整及其主导产业的选择上。也正因为如此，该选题及其研究成果对推动我国区域产业结构调整和主导产业选择的实践更具有指导意义和参考价值。

第二，有特色的实证分析。作者不但对我国改革前后区域产业结构的历史沿革进行了系统的梳理，更为可贵的是花了大量时间进行调查研究，较完整地把握了四川这个西部大省的产业结构现状及其主导产业选择情况，并以此为依据提出了四川未来选择主导产业的重点。在大力推进西部大开发战略的今天，这种典型研究显然具有重要的应用价值。

第三，该书具有强烈的现实针对性，填补了我国区域产业结构调整与主导产业选择研究中的一个空白。由于我国实施产业政策时间不长，对区域产业结构调整和主导产业选择的实践过程还相当短暂，尤其是理论研究涉足不深，在许多重要方面也还不够完善，即使是研究生论文，也是寥寥无几，更不用说全面、深刻研究的专著了。

本书就是为了弥补现时研究的不足而作的。当然，此书作为一部探索性和开创性的研究专著，尚不可能做得尽善尽美，有些观点和主张不免略显粗糙，需要进一步研究、深化认识和完善表述。本书作为一个阶段性的成果，还需要作者作进一步的充实和提高。但通览全书，却不失为一部成功的创新力作。希望这部著作能引出研究者们后续而来的更多、更好的研究成果。

在本书即将出版之际，我乐于为之作序并推荐给有志于从事这方面研究工作和实际操作的读者，也希望作者在此书的基础上积极努力，作出新的探索。

钟契夫

2003 年 7 月 1 日

# 论资本市场中的预期因素[*]

刘锡良

预期作为一种心理行为倾向，已广泛地存在于我们的经济生活之中，并对整个社会生活，甚至政治活动产生着深刻的影响。正确的预期有利于社会经济的良性运行和协调发展，在某些情况下，它甚至还是经济建设能否取得成功的关键。因此，经济学界越来越重视对人类心理预期与行为的研究，在这方面，一些西方国家走在了前列。这些西方国家不仅有发达的货币信用体系，而且有完善的资本市场。预期心理因素等对资本市场的发展和完善的作用和影响是普遍存在着的。一些西方经济学家探讨过资本市场上的预期问题。他们获得了完整的理性预期理论认识，建立了一些资本市场的预期模型，总结了资本市场预期发展的规律，有大量值得我们借鉴的地方。他们的资本市场预期理论能否运用于中国资本市场预期问题的研究，存在着一个本土化、中国化的问题。对于不完全是在此背景和基础上发展起来的中国资本市场来说，只能结合中国资本市场预期模型，才能形成有中国特色的预期理论学派，才能提出切合货币信用体系不发达、资本市场发展时间短这一现状的中国资本市场预期问题解决对策和办法。

对于资本市场，我一直关注这一领域的研究。江世银博士毕业于中

---

[*] 江世银：《中国资本市场预期》，商务印书馆，2005。

此文是刘锡良给《中国资本市场预期》写的序。

国人民大学，到西南财经大学作博士后研究前曾在《经济研究》（2000）上发表过《论信息不对称条件下的消费信贷市场》、在《经济理论与经济管理》（2001）上发表过《预期对我国消费信贷的影响》，已经获得了有关预期的基本认识。他原本是打算研究中国预期问题的，包括预期收入、预期支出、通货膨胀（紧缩）预期、消费信贷预期、资本市场预期等，不用说，题目是够大的。后来，我要求他逐步缩小题目，仅研究上述某个方面就足够了。他根据他的兴趣和已有研究的基础，最终落实到迄今为止国内外还没有进行过系统研究的《中国资本市场预期》这一颇有意义的题目上来。中国资本市场是一个不确定的、风险和信息不对称的市场，因而是一个充满预期因素作用和影响的市场。当然，题目越小，难度也就越大。我也要求他将预期和博弈结合起来进行深入的研究，得出了预期行为在本质上也是一种博弈行为的初步认识。

《中国资本市场预期》一书立足于理论前沿和实际需要，提出一个中国资本市场预期问题研究和分析的基本框架，不仅是国内第一部比较系统地概述这方面理论进展和争论的学术成果，而且还是具有独创性的学术专著。其主要特点是：它不是把预期理论作为一种经济学流派加以论述，而是把它作为一种新经济心理投资问题来考察。通读全书，有以下特色：

第一，重大的研究意义。该书针对目前中国资本市场发展中存在的预期问题，选题很有实际意义和现实针对性，研究成果对中国资本市场现阶段解决消极预期问题、发挥积极预期作用具有一定理论指导意义和实践参考价值。它突破了传统资本市场理论和预期理论简单地以理性化构建市场的思想，以心理学对资本市场投资决策心理的研究成果为依据，详细地研究了不同的心理预期对投资者行为所产生的作用和影响，充分考虑了市场因素与人的心理因素的作用，为人们更好地研究中国资本市场预期问题提供了一个新的视角，使人们对资本市场的研究更贴近实际。

第二，多学科的综合研究。该书运用了理论经济学、数量经济学、金融学、心理学、社会学等学科对中国资本市场预期问题进行了研究。针对人们对中国资本市场预期问题的认识和实践，国内还没有建立起适合中国资本市场预期问题的数学模型以及西方发达资本主义国家资本市场预期的理论与方法还没有全面系统地被我国投资者们所掌握的现实情况，该书试图从理论经济学、数量经济学、金融学、心理学、社会学等多学科进行综合分析，从理论上对它们的理论观点、主要模型、方法分析运用于中国资本市场预期的特征、作用和影响进行研究，由此提出切合中国实际的解决对策。

第三，清晰的探索思路。资本市场中的预期问题是现代宏观经济学研究的热点问题之一，学术界的研究主要集中在资本市场的投机预期、宏观经济政策与个体预期以及预期的形成机理等方面，但国内对资本市场不确定性预期行为的系统研究还不多见。在我国资本市场发展的实践中，理论界对中国资本市场难以理想发展的原因进行了种种探索，获得了许多共识，但却都忽视了预期收益不确定性对资本市场的作用和影响。通读该书可以看出，它是沿着信息、不确定性和风险这条主线层层进行分析的。

第四，众多数学模型的建立。预期本身是一种心理现象，难以直接进行量度。特别是要对中国资本市场投资的预期收益、不确定性预期、风险预期建立数学模型、进行量化研究是有相当困难的。该书借鉴西方资本市场预期收益数学模型，结合中国资本市场预期问题的实际，初步建立了中国资本市场预期收益的数学模型，包括支付信息成本后产生的预期收益模型、预期收益函数模型、不确定性状态下的投资预期收益模型、具有风险状态下的预期收益模型、证券投资组合的预期收益模型、均衡的预期收益模型、投资者预期收益贴现模型和债券投资预期收益模型等。众多的模型是在不同投资前提约束条件下的函数关系。它们基本上反映了中国资本市场预期问题的实际，为切实提出解决对策提供了基本的科学依据。该书的创新正是体现在不同投资前提约束条件下的众多数学模型建立和分析。

由于中国资本市场存在的历史时间不长，资料不是很多，许多中国资本市场预期现象有待于进一步深入研究，包括研究视角、研究内容、研究方法都应该作出有中国特色的研究来。例如，该书仅是推出孔明预期这一概念，但并没有结合实际进行中国资本市场孔明预期分析。又如，政府对中国资本市场的行政干预会对投资者的预期产生什么作用和影响，中国投资者心理预期与西方投资者有哪些不同，从一个相对封闭的资本市场向一个开放的资本市场过渡的时期，投资者的预期会发生什么样的变化，国际资本市场预期的传导机制过程以及中国传统文化下投资者对西方资本市场预期理论的理解与困惑；等等。这些都是很值得深入、系统研究的重要课题。我相信有兴趣的人们会获得这些深刻认识的。

刘锡良

2005 年 2 月 15 日

# 4

# 继续推进西部大开发还需要探索
# 和尝试一些新思路、新办法<sup>*</sup>

江世银

中国不是惟一的存在地区发展差距的国家。地区发展差距是各国经济发展过程中一个带有共同性的问题，发展的不平衡是所有现代国家特别是大国的普遍现象。中国不仅是世界上最大的发展中国家，而且也是地区发展很不平衡的国家之一。地区发展差距的扩大不仅会影响一国的经济发展，而且还会带来其他的政治和社会稳定问题。联合国欧洲经济委员会曾专门论证：穷国国内地区不平衡要比富国大得多。富国的地区发展不平衡在缩小，而在穷国却扩大，地区发展差距终究是一个发展中的问题。

我国存在着东、中、西部地区较大的发展差距，其中既有自然条件、历史基础、交通运输发展状况等方面的原因，又有国家的区域经济政策和区域战略性产业结构布局等因素的影响。我国东部地区凭借其得天独厚的区位优势，较为发达先进；中部地区处于承东启西的过渡地带，虽比不上东部发达地区，但比西部落后地区发达先进；广大的西部地区民族众多，人口相对稀少，由于诸多原因，至今较为落

---

* 江世银：《西部大开发战略新选择——从政策倾斜到战略性产业结构布局》，中国人民大学出版社，2007。

此文是江世银给《西部大开发战略新选择——从政策倾斜到战略性产业结构布局》写的自序。

后。我们已认识到东、中、西部地区发展差距较大的问题不利于全国经济的快速发展，因而需要统筹区域经济发展，来实现东、中、西部地区的协调发展。解决这一问题的唯一途径就是要逐步地开发西部地区，加快西部地区的发展步伐。政府如何统筹区域经济发展，发挥应有的作用，制定有效的区域经济政策，加快西部地区经济发展，逐步缩小东、中、西部地区发展差距，成为理论和实际工作者面临的一个重要课题。

处于世纪之交，我国开始实施西部大开发战略。积极推进西部大开发，促进地区经济协调发展，就是根据客观实际而提出的发展战略。实施西部大开发战略，加快西部地区发展，是我国实现现代化战略的重要组成部分，是党中央高瞻远瞩、总揽全局、面向新世纪作出的重大决策，具有十分重大的经济和政治意义。西部大开发意味着西部地区经济将从缓慢发展转变为快速大发展。为体现国家对西部地区的重点支持，国务院制定了实施西部大开发的若干政策措施。西部大开发注重基础设施和生态环保建设，已取得了一定的成绩。西部大开发政策是对西部地区实行一种倾斜和优惠的政策。这种倾斜和优惠政策最初的实施效应是明显的，随着实施 6 年多的西部大开发战略，这种政策效应呈递减的趋势。在我国东、中、西部地区发展差距仍然较大的情况下，还需要继续推进西部大开发战略，以此逐步缩小地区发展差距。

不过，继续推进西部大开发，还需要探索和尝试一些新思路、新办法，采取更加有效的对策。国务院西部开发办副主任王金祥（2005）接受《西部时报》记者专访时说，"要深化研究西部地区重大产业布局问题。统筹区域发展，调整和优化全国重大产业布局，提高国民经济整体竞争能力，这一直是党中央、国务院领导高度重视的问题。要在研究全国水利、交通、能源等重大基础设施建设规划时，统筹考虑西部大开发的客观需要和可能，努力做到由国家投资或需要国家核准的重点项目，只要西部地区有资源、有市场就优先布局在西部地区，将'简单卖资源'与'提高就地加工转化资源比重'以及延长产业链条有机地结合起来，真正发挥好、利用好西部具有比较优势的工业资源。"国家已认识到深入研究西部地区重大产业布局问题和调整与优化全国重大产业布局的重要性，正是由于政策实施效应的递减性，所以我们要用新的思路和办法继续推进西部大开发，实现由政策倾斜向西部地区战略性产业结构布局转变。

# 5

## 金融宏观调控的效率深受预期的影响[*]

曾康霖

  预期是指经济行为当事人在作出行动决策之前对未来经济形势或某一经济变量所作的判断、估计或预测，对金融宏观调控效率具有重要的作用和影响。中国过去由于实行计划经济，几乎不存在预期问题。改革开放以来，随着经济不确定性因素的增加和信息的不完全性，预期问题逐渐凸现，并由此影响金融宏观调控的效率。江世银博士选择预期作用于金融宏观调控效率进行研究，对于提升政府进行金融宏观调控决策的科学性，减少调控政策失误，不断提高预期作用于金融宏观调控效率的水平，保持国民经济的持续、协调、健康发展，都具有重要的理论意义和现实意义。

  江世银同志毕业于中国人民大学国民经济管理系，获经济学博士学位，先后在西南财经大学中国金融研究中心和中央财经大学金融学院博士后流动站做过博士后研究，具有宏观经济学和金融学的学术研究背景。他现为四川省学术和技术带头人、中共四川省委党校教授、享受国务院政府特殊津贴专家。该同志长期进行预期理论和应用问题的研究，已取得了较为丰富的研究成果。他曾在商务印书馆出版过《中国资本市场预期》（2005）、在经济科学出版社出版过《预期理论史考察——

---

[*] 江世银：《预期作用于金融宏观调控的效率》，中国金融出版社，2010。
  此文是曾康霖给《预期作用于金融宏观调控的效率》所写的序。

从理性预期到孔明预期》（2008），在《经济学动态》《财贸经济》《金融研究》等处发表过有关预期理论和应用的许多成果。在此基础上，他又写出了新作《预期作用于金融宏观调控的效率》。他的这部著作既不是纯理论分析，也不是纯应用分析，而是包含中国金融宏观调控预期模型的既有理论探索又有应用研究的实证分析。它是理论经济学、金融学、管理学、心理学、社会学和数量经济学等多学科并以金融学和管理学为主的综合研究。此书主要解决了前人较少解决的预期作用于金融宏观调控的效率问题，其主要学术创新表现在：第一，运用金融效率理论，深刻分析影响预期作用于金融宏观调控效率的因素，建立效率的解释结构模型。特别是借鉴理性预期学派、行为金融学派所取得的成就并结合中国的实际，建立崭新的预期作用于金融宏观调控的效率数学模型。第二，运用预期理论、宏观调控理论和行为金融学理论，借助已有的评价指标并结合金融宏观调控效率测定方法建立和完善时间预期法、预期作用率法、投资者预期指数法、投资者信心指数法、消费者信心指数法和格兰杰因果检验法等评价方法及相应的评价指标体系。第三，提出减少中国金融宏观调控中不良预期对效率作用的并具有可操作性的相关经济政策。通过预期作用于金融宏观调控效率决定因素模型的建立与研究，丰富和发展预期学派理论，实现该研究领域在理论上的突破与创新。

这部著作的学术亮点在于：不仅可以形成、丰富和发展具有中国特色的预期理论和宏观调控理论，而且可以通过制定恰当的宏观经济政策引导人们的正确预期，克服它的消极影响，发挥它的积极作用。这不仅具有重大的现实意义，而且也正是其应用价值所在。随着现代货币信用经济的发展，其应用价值越得以体现，其前景也就越广阔。研究预期作用于金融宏观调控的效率也可为正在加快发展的国家建立何种宏观经济管理体制和模式，更好地提高金融宏观调控的效率提供借鉴。

此书选题具有重要的学术意义和研究价值，研究成果已达到本学科领域先进水平。全书观点正确，论述理论联系实际，中心明确，条理层次清晰，逻辑性强，所用资料翔实，数据准确，结论可信，具有可操作性。根据江世银同志在本书所进行的创新性研究，我乐于为之作序，向同行推荐，这本书值得一读。

2010 年 9 月 10 日

曾康霖于西南财经大学中国金融研究中心

# 6

# 预期理论在宏观经济中具有广泛的应用<sup>*</sup>

*魏礼群*<sup>**</sup>

宏观经济的运行同微观经济活动一样，很难摆脱人们预期的作用和影响。预期普遍地存在于宏观经济运行中。它是人们对未来经济变量变化趋势的主观判断和估计。预期的正确引导对于防止宏观经济的剧烈波动，保持国民经济持续、快速、健康发展有着非常重要的作用。

预期理论在宏观经济中的应用，就是指在宏观经济中预期是如何产生、发展和起作用的。预期理论包括各种不同的预期理论，如静态预期、外推型预期、适应性预期、理性预期和孔明预期等。此外，粘性预期理论、准理性预期理论或亚理性预期理论也是预期理论中的表现。这些预期理论在人们的经济活动尤其在宏观经济运行中产生不同程度的作用。预期影响着人们的投资、消费、储蓄和进出口行为。所有重要的宏观经济决策，实质上都包含着对未来不确定性结果的预期。由投资、消费、储蓄和进出口构成的社会总供求变化无不受预期的作用和影响。政府制定和实施宏观经济政策时不得不考虑人们对之进行的预期如何变化。如果政府对预期引导得当，宏观经济政策的实施效果是很明显的。反之，宏观调控的效率则是很低的，有时甚至是无效的。例如，有预期

---

* 江世银：《预期理论在宏观经济中的应用》，人民出版社，2011。

此文是魏礼群给《预期理论在宏观经济中的应用》所写的序。

** 魏礼群：原国务院研究室主任、国家行政学院原常务副院长、中国人民大学兼职教授、博士生导师。

作用和影响的曲线会比没有预期作用和影响的曲线要陡峭得多。如果没有预期的作用和影响而使曲线较平坦，那么，政府较小的宏观经济政策调整都会产生较大的实施效应。现在，几乎每一个国家在进行宏观调控时都不得不考虑到预期的作用和影响。理性预期在经济理论中的应用，使之不仅只是作为一种经济理论本身，而更重要的是作为一种方法论渗透到微观经济学和宏观经济学的各个领域。到目前为止，我们已经很难找到未受预期方法影响的经济思想领域和经济活动了。

不少西方经济学家认为，预期理论是 20 世纪 80 年代的宏观经济学理论。虽然国内外早就对宏观经济中的预期理论与预期问题有研究并取得了较为丰硕的成果，但从其对预期理论在宏观经济中的应用的研究来看，有两点是肯定的。第一，没有一本像这样系统地研究各种预期理论与预期问题的专著。虽然有的研究成果十分完善如理性预期在宏观经济中的应用，但大量的非理性预期在宏观经济中的应用涉及较少。不仅如此，他们几乎都是将预期作为影响宏观经济运行的一个方面或一个部分，没有真正地明确预期理论在宏观经济中的地位和作用。要么夸大了它的作用，要么忽视了它的作用。第二，多半都是结合理性预期而进行宏观经济分析的。事实上，在宏观经济中，除了理性预期外，还存在大量的非理性预期如适应性预期、准理性预期、亚理性预期和粘性预期等。此外，孔明预期也是一个不能忽视的方面。这些不同的预期理论在宏观经济中都有不同的应用。可以说，学术界对此的探索大多针对在通货膨胀时期人们形成的通货膨胀预期入手，而对通货紧缩时期的通货紧缩预期考察较少。凯恩斯进行了投资预期与消费预期的分析，却没有明确阐述未来的预期对现时消费的影响。对就业预期与失业预期、收支预期的分析，在理论界还基本上是空白。然而，现代宏观经济运行中的就业预期与失业预期、收支预期正发挥着越来越大的作用。这在客观上非常需要进行这些理论分析和应用研究，使人们能更好地进行预期，从而有利于经济的持续、快速、健康发展。

## 国务院研究室

老领 同志：

您好！

大作孝已阅改。预期理论研究是创新性探索，我为您取得的重要成果而高兴。承蒙托本人作大作序。祝您在经济学研究领域有更为创新性成果。

谨祝

撰安、顺利

魏礼群

2012.2月17日

研究预期理论及其应用，犹如有的经济学家所说的，既是一个吸引人的课题，又是一个折磨人的课题。它吸引人，是说预期可以同许多经济变量相结合，有各种不同的表现、特点和影响。预期理论在宏观经济中有广泛的应用。它折磨人，是说预期理论在西方较为成熟，在国内尚无定论，预期涉及许多高深的数学知识，没有深厚的数学功底，就很难理解透彻。正是如此，预期作为一种心理活动，不能直接进行测量，这只有借助于一些经济变量间接地测量预期作用的大小。尽管预期理论与预期问题探索折磨人，但潜心进行研究的中共四川省委党校二级教授江世银博士不仅发表了 30 多篇有关预期理论及其应用的学术论文，而且出版了《中国资本市场预期》（商务印书馆，2005 年）、《预期理论史考察——从理性预期到孔明预期》（经济科学出版社，2008 年）、《预期作用于金融宏观调控的效率》（中国金融出版社，2010 年）和《预期理论在宏观经济中的应用》（人民出版社，2011 年）四部个人专著。这已引起了学界同行的关注。

研究预期理论在宏观经济中的应用，也可以说是考察宏观经济模型中经济理论处理预期形成的方式，并引申出随之而表现的宏观经济政策含义。宏观经济理论所需要的正是能够使预期内生于模型变化而随之进行调整的模型构建方法。通过构建宏观经济中的预期模型，我们可以更清楚地知道预期是如何在宏观经济中得到应用的。由于预期广泛地存在于宏观经济运行中，加之它的复杂性，研究预期理论在宏观经济中的广泛应用，其内容十分丰富。本书进行的创新性研究主要表现在：第一，它将各种不同的预期理论应用于宏观经济中，已大大超出了新古典宏观经济学的最新认识。虽然新古典宏观经济学在 20 世纪已经达到了预期理论的最高峰，但是，由于内外经济环境和条件的变化，预期也在不断地变化。本书较为详细地论述了静态预期理论、外推型预期理论、适应性预期理论、理性预期理论和孔明预期理论，并对这些理论在宏观经济中的应用进行了较为系统的探索。虽然这种探索还是初步的，但它毕竟是开创性的，由此获得了不少新的认识。第二，这是到目前为止唯一的较为完整地研究预期理论在宏观经济中应用的著作。本书较为深入地分析了宏观经济运行中客观存在的各种不同的预期。在借鉴国内外最新成果的基础上，本书完善了通货膨胀与通货紧缩的适应性预期模型、理性预期模型、粘性预期模型并建立了孔明预期模型。此外，本书还丰富了准理性预期理论、亚理性预期理论并建立了相应的数学模型。这是作者长期以来对预期理论与预期问题研究的一个总结。第三，它进一步阐述了孔明预期理论并对孔明预期理论在宏观经济中的应用进行了深入分析。

尽管还有诸多不足，但孔明预期理论在书中已基本形成。这是作者对预期理论的一大贡献。

预期理论在宏观经济中的广泛应用，除了书中提到的静态预期理论、外推型预期理论、适应性预期理论、理性预期理论、准理性预期理论、亚理性预期理论、粘性预期理论和孔明预期理论等这些预期理论外，或许还有其他预期理论；除了本书所分析的投资预期、消费预期、通货膨胀预期与通货紧缩预期、失业预期与就业预期、收入预期与支出预期外，或许还有更多的应用。这样，更多的预期理论在宏观经济中的应用有待人们今后去思考和探索。

魏礼群

2012年2月

# 四

## 经济学理论与实践中的结合

# 寻找国民经济学与区域经济学研究的结合点[*]

调到中共四川省委党校工作以来，根据学校学科建设的需要和自己已有研究的基础，我选择了一个近年来颇有研究兴趣的课题，寻找国民经济学与区域经济学等专业研究的结合点，写出了《区域经济发展宏观调控论》。原本打算将此作为博士学位论文写作，因为研究这一问题太重要了，不仅具有重要的理论意义，可将宏观调控探索引向深入，而且具有重要的现实意义，可以指导我国区域经济发展宏观调控实践。不巧的是，我师弟周志文博士也选择了类似的题目——"区域经济发展差距及其调控"作为博士论文，尊师钟契夫教授说尽管此研究意义重大，但为了避免重复，建议我俩先商量一下，是否能够换一下题目。当时我们将提纲拿出后，发现最多不超过20%的重复。我深知自己功底的不足，便主动忍痛割爱，提出改换题目，缩小选题，改为《区域产业结构调整与主导产业选择研究——以四川为例所作的实证分析》。它是区域经济发展中实施产业政策调控的重要方面。不过，我并没有因此停止，而是继续研究下去。现在，读者手中的这本书就是在这种背景下写作的。

在写作过程中，我得到了党校常务副校长李锡炎教授、副校长郭伟教授、区域经济教研部主任郭上沂教授、副主任孙超英副教授等的大力

---

[*] 江世银：《区域经济发展宏观调控论》，四川人民出版社，2003。这是该书的后记。

支持。拟出提纲后，钟契夫教授提出过中肯的意见。初稿完成后，钟老师又仔细地逐字逐句地进行了修改，这使得本书的缺点和不足越来越少。国务院西部开发办综合组组长宁吉喆司长不仅提出了具体的修改意见，而且还为本书作序。在出版过程中，省委党校科研处处长周治滨教授、副处长王工化副教授、蒋文同志和研究生部主任冯贵欣教授以及其他同志，如西南财经大学副校长、博士生导师刘灿教授等提供了诸多支持和帮助。本书得以顺利出版，离不开他们的关心，特别是中共四川省委党校学位委员会将之作为学科建设项目给予资助，在此，表示衷心感谢！

本书只能说是笔者对区域经济发展宏观调控研究的开始。作为一个经济理论的学习者和研究者，对区域经济学并非专攻，研究区域经济发展宏观调控仅仅是一种尝试，一种探索。我本是学习和研究宏观经济调控的，区域经济发展宏观调控是宏观调控的一个分支，而且是一个重要的分支。对我来说，这是个新问题，许多问题不懂。但我要给学员上课，回答学员提出的各种问题，不能以其昏昏、使人昭昭，这就非下苦功夫进行研究不可了。本书是我在中国人民大学公共管理学院攻读博士学位、进入西南财经大学博士后流动站作博士后研究和调入中共四川省委党校两年多来的研究成果，主要是为自己弄清问题而写的。如果有人读了感到有所启发，对实践具有一定的参考价值，那就表明，我还是弄清了一些问题，没有白费力气。不过，看了本书的读者，建议再读它的姊妹篇《区域产业结构调整与主导产业选择研究——以四川为例所作的实证分析》，这样可以加深对本书的理解。

在本书的研究、写作过程中，我阅读了大量有关文献，从许多前辈和同行中得到了很大的启发，在此也一并致谢！特别是许多博士生导师如国务院研究室主任魏礼群教授、原中央党校副校长苏星教授、西南财经大学中国金融研究中心主任刘锡良教授等对我学术上的指点和帮助，我是铭刻在心、感激不尽的。我不仅参考了他们的有关著述，而且得到了他们的指导。由于这是一本学术探讨性的书，一不求体系立即完整，二不回避许多学术观点的分歧，如新古典经济理论与"马太效应"学派理论的争论等，如果先辈和同行们愿就这些问题开展讨论，无私指正，我将非常感谢！现在我把本书奉献给读者朋友，希望能得到无私指正，感谢帮助我进步！

江世银

2002 年 11 月 25 日于成都光华村

# 2

# 区域经济发展宏观调控论中的应用研究*

本书是在我的博士论文基础上修改而成的。进入博士阶段学习以后，我就一直在思考选什么题目作为博士学位论文。根据已有的学习和研究基础，结合本单位学科建设以及教学、科研工作需要，我选择了具有浓厚兴趣的"区域产业结构调整与主导产业选择研究"课题。这是区域产业结构与产业政策和宏观经济调控研究中一个具有重大理论意义与现实意义的课题，是 2003 年四川人民出版社出版的我的第一本专著《区域经济发展宏观调控论》的应用研究。要做好这一研究，其难度对我来讲是不小的。好在从论文选题、提纲拟定到资料搜集、写作修改，都得到了令我十分敬佩的导师钟契夫教授的无私指导。我首先要感谢钟老师。钟老师深厚的理论功底、博大的学术胸怀、一丝不苟的敬业态度、丰富的研究经验、对学生严格的指导和默默的呵护，使我受益匪浅。我能够完成这篇论文和本书写作，特别得益于他的精心指导。论文答辩后，钟老师又为之拔冗作序，使我进一步地领略了他那治学严谨的态度。

我还要感谢中国人民大学公共管理学院副院长许光建教授和国民经济管理系刘成瑞教授、刘起运教授、刘瑞教授、靳晓黎教授、刘晓梅副教授、金乐琴副教授、中国林业大学郭秀君博士后等老师对我学习、研究的关心、指导和帮助。他们参加了我的博士学位论文开题审定，提出

---

* 江世银：《区域产业结构调整与主导产业选择研究》，上海三联书店、上海人民出版社，2004。这是该书的后记。

了许多很有指导意义的建议。刘延军老师给我提供了诸多的方便。还有我的众多学友、北京市教育局陶春梅博士、北京市委政策研究室何明博士、中国人民财产保险公司周志文博士、全国社保基金会黄毅博士、原国务院研究室现国家发展和改革委员会刘强博士、国务院港澳办边泉水博士、中共中央政策研究室刘新民博士、中国人民银行研究局纪敏博士、中共中央组织部张连如博士、国家发展和改革委员会刘世虎博士、西南交通大学严冰博士以及西南财经大学经济学院王雪苓博士等对我的启迪也很重要，我们志同道合的相聚是一生中的缘分，在此一并感谢！

此外，在我工作单位中共四川省委党校的各位领导、同事如李锡炎教授、郭伟教授、郭上沂教授、田善耕教授、孙超英教授、李慧硕士等对我的一些启迪使我茅塞顿开，他们给我提供了一个宽松的研究环境和学习上的帮助。对他们，我也是感激不尽的。

在我的论文答辩过程中，中央财经大学博士生导师闻潜教授、博士生导师赵丽芬教授、财政部财政科学研究所项镜泉研究员、中国人民大学吴微教授、博士生导师赵彦云教授、博士生导师吴晓求教授、博士生导师刘起运教授、顾海兵教授、国家行政学院科研处郝春和研究员等老师给予我无私的指导、帮助，并对我的论文提出了中肯的修改意见。国务院研究室党组成员宁吉喆也提出了宝贵的意见。他的意见对论文修改成本书并最后定稿非常有帮助。虽然他们对我的博士学位论文评价不错，但由于自己的理论功底、学识水平和受研究时间的限制，本书尚存在的问题当然只能由我个人负责。我只有以最大的努力把论文修改得尽量好些作为我对他们的回报。在答辩过程中，河南省计划委员会熊正栋博士也给予了我大量的帮助。还需要特别说明的是本书能够顺利得以出版，离不开上海人民出版社的支持和帮助！我一直是"当代经济学系列丛书"的忠实读者，能够成为她的作者、得到编辑们的修正正是对我莫大的鼓励。我对他们更是敬佩和感谢的。

还有更多提供了学习和研究帮助的如西南财经大学领导、博士后流动站以及其他同志，恕我不便——列出，但这里要一并致谢！

江世银

2003 年 8 月 15 日

# 3

## 中国资本市场是一个充满预期
## 因素影响的市场[*]

　　做学问，并非是我的专攻。我本是一个教书匠。回想起过去一周有三四个整天站讲台时，我做梦也没想到今天会将主要精力放在做学问上，这就是说把过去附带的职业作为主业了。在外面世界很精彩的今天，要想真的学点和写点东西，是很需要有点坐冷板凳精神的。自 1991 年首次发表论文以来，我一发不可收拾。冷板凳坐了十多年，今天终有一点小小收获：除了完成我个人独立写作的这第三部专著外，还在《经济研究》等报刊上发表了 100 余篇学术论文；有的成果被国务院研究室摘成《研究报告》上报党中央、国务院并送有关部门供决策参考，还获得了省部级奖。与同龄人相比，这是算不了什么的，我也是有自知之明的。这只不过能证明我除了当教书匠外还能写一点东西。但是，这对于起点低、又不聪明的我来说，一边要完成四川省委党校的教学科研任务，一边要通过博士后研究的各项考核，我已经是拿出吃奶的力气了。我还能做什么呢？

　　我思考着，面对问题与困境的我迎着困难而半路出家，从事金融学学习和研究了。我在研究自己已有一定基础的区域经济学的同时，又将金融学作为博士后阶段主要研究方向，完全是因为自己想尝试、想进入新的世界，进行一种新的研究。西南财经大学有着深厚的历史底蕴、一

　　* 江世银：《中国资本市场预期》，商务印书馆，2005 年。这是该书的后记。

流的学术氛围，我所在的中国金融研究中心博士后流动站更是一个积极、求实的团体。我的合作导师刘锡良教授把我带入了新的世界，他的思想和人格在我的学术中留下了终身的烙印。摆在读者眼前的这部书稿是我进入西南财经大学博士后流动站工作的阶段性成果之一，是对中国资本市场预期问题研究的一些学术心得体会的归纳和总结。我已记不清有多少个日子的挑灯夜战、奋笔疾书了，童年生存的艰辛锤炼了我今天顽强的进取意志。我更记不清有多少次得到合作导师刘锡良教授的无私指点了。本书能够得以顺利完成，主要归功于他的指导。是他将我引入这一领域，也是他指导我将预期和博弈结合起来进行深入的研究，得出了预期行为在本质上也是一种博弈行为的初步认识。他还直接提供了一些参考资料。刘老师不仅学术上对我悉心指导，而且在思想上、生活上等方面也给予了我无微不至的关心和帮助。他严谨的治学态度，求实求真的工作作风和为人师表的高尚风范给了我许多的启迪和教诲，这将使我终生受益。从他那里，不仅获得的是知识和学问，而且学到了许多为人的道理和进取精神。在此，我深表敬意和感谢。

博士后流动工作站的李晓渝博士、蒋南平博士和陈林生博士等刻苦钻研的精神时常激励着我。我们之间的每一次交流对我都是一次深深的启迪。这段时间的友谊将成为我一生的精神财富和支撑。我还受到众多的同行研究者如全国社保基金会的黄毅博士、上海期货交易所的曾欣博士、北京师范大学经济学院的博士后杜金沛博士、西南交通大学的严冰博士、四川师范大学的赵万江博士等经济学研究气息的感染，这使我难以忘怀。在这里对他们也表示感谢。

我也要感谢西南财经大学校长王裕国教授、副校长赵德武教授及其科研处处长许德昌教授，博士后流动站的明海峰同志、申云燕同志、白小平同志、谢波同志、王海涛同志，组织人事部负责同志和其他老师们，感谢他们对我学习和研究的关心、支持、帮助和指导。中国金融研究中心的曾康霖教授、陈野华教授对本问题研究的启发是很重要的，可以说起到了指点迷津的作用。曾康霖教授、刘锡良教授、陈野华教授、中央财经大学校长王广谦教授、中国人民大学财金学院院长陈雨露教授在百忙中参加了评阅，给予了充分的肯定和高度的评价。感谢他们对我学习和研究的启迪。感谢西南财经大学学术专著出版基金和中国博士后基金（编号：2002032206）的资助。可以说，没有他们的大力支持和热情帮助，就不可能有我今天研究报告的完成以及本书的问世。现在我把它奉献给大家，希望得到各位师长、同行和广大读者朋友的指正。谨将此书献给我的合作导师及其他关心和帮助过我的老师、领导和朋友们。

最后，我要特别感谢我的妻子李长咏，她不仅一边上班，一边读区域经济学研究生，还承担了家务及教养女儿江泽晟的重任。更可贵的是，她多年来对我的支持和帮助不仅仅体现在生活和家庭方面，更在于对我事业的支持和理解。她全身心地扶助我，才使我有充沛的精力和足够的时间完成这部书的写作。"绿叶"扶"红花"，"绿叶"的劳作与艰辛，有谁知晓？

虽然笔者在大胆的探索和研究中，对西方资本市场预期问题的学习和研究不遗余力，对新命题、新模型、新观点和新方法的提出斟酌再三，但由于本人才疏学浅，水平有限，加之受到研究时间的限制，特别是受功底不足的影响，书中不慎和错误之处肯定不少，这一课题实在太深，越研究发现问题越多，越需要深入探究。恳请同行专家、学者、读者不吝赐教，斧正谬误。

江世银

2004 年 6 月于西南财经大学博士后公寓

# 4

# 西部大开发与区域经济协调发展<sup>*</sup>

　　《西部大开发与区域经济协调发展研究——兼论区域经济发展的宏观调控》是四川省哲学社会科学"十五"规划 2003 年重点项目的最终成果。主持人是中共四川省委党校区域经济学教研部教授江世银博士后，负责主持提纲、改写和统稿。课题组成员主要有江世银、四川经济社会发展战略研究所副教授陈钊博士、副教授陈旭博士研究生、区域经济学教研部讲师李慧硕士和区域经济学研究生李长咏同志。所有成员均是长期从事区域经济学教学和研究的青年学者。

　　参加各章调研和写作的是第一、六章陈钊博士，第二、五、十、十一章和第十二章江世银博士后，第三章李长咏研究生，第四、八章李慧硕士，第七、九章陈旭博士研究生。此外，区域经济学教研部副教授杨伟霖同志还参与了部分研究工作。

　　本课题的研究首先得到了四川省社科规划办的立项资助，得到了中共四川省委党校有关校领导、科研处和区域经济教研部的大力支持，特别是得到了区域经济学教研部主任郭上沂教授、副主任孙超英教授的鼓励，特此致谢！在调研过程中还得到了中共四川省委宣传部副部长郑晓幸教授、西南财经大学副校长丁任重教授、西南交通大学人文社科学院副院长戴宾教授、中央财经大学博士后流动站和四川省社科规划办等的

　　* 江世银等：《西部大开发与区域经济协调发展研究——兼论区域经济发展的宏观调控》，电子科技大学出版社，2005。这是该书的后记。

指点和帮助，在此，也一并表示感谢！

由于受研究水平、能力和时间所限，本课题研究难免存在不妥甚至错误之处，敬请同行、各位专家批评指正。

江世银

2004 年 12 月 30 日

# 5

# 中国经济发展的宏观金融经济学探索[*]

（1）搜集文集的背景与原因。我曾在上海三联书店、商务印书馆等处出过专著，出专著对我来说不是第一次，但出版论文集却还是第一次。经过 10 多年的学习和研究，我在金融经济学研究上有了小小的收获。出版这本书的直接原因是，朋友们常索要我的论文，有时我指导的研究生和其他同行也要，由于文章发表在不同的报刊上，时间一久，找起来真是很费劲。他们建议我不如将它们搜集成册。我想也是，这样既可以方便自己和朋友们，也希望能方便需要它们的人。本书正是在这样的情况下出版的。文集收集了我在世纪之交对中国经济发展的宏观金融经济学探索的部分成果，是在 120 多篇文章中精选出的 100 余篇。之所以取名为《中国经济发展的宏观金融经济学探索》，是因为它反映了作者随着中国经济的发展从宏观角度对此进行的金融经济学探索。这些论文，是我在世纪之交努力学习和研究金融经济学，围绕经济生活中的突出问题，力求从中国的实际出发，从实践经验中探索一些规律性的东西而撰写的。宏观金融经济科学理论浩瀚无际，需要不断探索。当然，限于自己的学科知识和能力水平，这种研讨是很初步的，不可避免地存在种种不足乃至缺点、错误，我真诚地希望得到同行和读者的无私批评指正。感谢帮助我不断进步。

---

[*] 江世银：《中国经济发展的宏观金融经济学探索》，中国经济出版社，2006。这是该书的后记。

（2）文集搜集的方法。总的来说，是以逻辑为主，尽量按照相关内容集中在一起；再考虑时间的顺序。按照文章论述的侧重点，把它们分归为十个部分，即：经济学原理、国民经济学、区域经济学、金融学、农村经济、企业改革理论与实践、西方经济学、经济史和经济思想史以及其他和书评（也包括别人对自己的书所写的书评）等。编然后知不足。由于这是事后分类，因此各类文章的内容难免会有所交叉。总的看，这是一本学术论文集的书。这些文章大致对我国经济发展的宏观金融经济学进行了各种不同角度、不同程度的探索。如果本书在这方面能对同行和读者有所裨益，那正是作者所衷心期望的了。

（3）另外需要说明的问题。这些论文，是过去 15 年间随着改革开放与经济建设的发展进程而陆续撰写的，是作者学习和研究中国经济发展中对宏观金融经济科学理论艰难探索的一个阶段记录。这本文集，对于微观部分和不是经济学、金融学的研究文章，没有选入。这次汇集出版，为了让读者真实地看到作者走过的崎岖道路，除了个别地方作了文字和标点符号上的修改外，都保持了原样。其中的甘苦略知一二。这既是尊重历史，又可如实地反映作者对某些问题认识深化与提高的过程。有少数几篇文章是我与其他同志合作撰写的，在收入本书时征得了他们的同意并作了说明。我有机会与这些同志一起探索，这是种缘份，所以，特别向这些同志表示感谢！也感谢给我支持和帮助的中央财经大学及其博士后流动站、中共四川省委党校及其经管教研部和资阳经济技术开发区管委会的领导和同事们！最后还要感谢中国经济出版社不惜工本出版这本文集！

# 6

# 继续推进西部大开发战略对策<sup>*</sup>

本书是在国家哲学社会科学基金"继续推进西部大开发战略对策研究——从政策倾斜到西部地区战略性产业结构布局"项目的基础上修改而成的。实施西部大开发是党中央在世纪之交的一项战略决策,是为缩小区域经济发展差距而采取的一项正确决策。实施西部大开发,是关系着国家经济社会发展大局,关系着民族团结和边疆稳定的重大战略部署。已实施了6年西部大开发已取得了很大的成绩。由于西部大开发是一项规模宏大的系统工程,也是一项长期艰巨和复杂的历史任务,所以,我国需要采取切实有效的政策措施继续推进西部大开发,实施更加有效的西部大开发战略。近年来,作者一直在关注这一问题,曾主持了四川省哲学社会科学"十五"规划2003年重点课题"西部大开发与区域经济协调发展研究"和参加了国家软科学课题"我国加入WTO后的区域战略性产业结构布局研究"(项目编号:2003DGQ3B189)等的研究。在研究中,课题组获得了一些认识,但在探索中发现还有许多问题仍然需要进一步地研究下去。

2005年,课题组以"继续推进西部大开发战略对策研究——从政策倾斜到西部地区战略性产业结构布局"选题向国家哲学社会科学基金规划办公室申请,获得了项目批准(批准号:05XJY014)。后又得到四川省

---

* 江世银:《西部大开发战略新选择——从政策倾斜到战略性产业结构布局》,中国人民大学出版社,2007。这是该书的后记。

学术和技术带头人培养资金重点项目"西部地区战略性产业结构布局研究"的资助。这是对我们莫大的鞭策和鼓励。它是在国家软科学课题"我国加入WTO后的区域战略性产业结构布局研究"的基础上更深入、更系统和更全面的研究。课题获得批准后，立即投入了调查研究。本书认为，过去实施的西部大开发战略对策更多依靠的是国债、转移支付和国家财政投资等财政政策和与之相辅的货币政策，这种政策的最初效应是明显的。现在需要进行政策调整，更多地依靠从政策倾斜到西部地区战略性产业结构布局的转变，从短期需求的财政、货币政策到长期供给的产业政策与短期需求的财政、货币政策相结合的转变以及恰到好处的人力政策的协调配合。这是我们获得的基本认识。这些观点已被中央政策研究室、全国哲学社会科学规划办公室和四川省哲学社会科学规划办公室等处以送阅件或成果要报形式上报党中央并送有关部门供决策参考。

本课题在研究中得到了国家哲学社会科学基金规划办公室、四川省哲学社会科学基金规划办公室、四川省人事厅、北京市社会科学理论著作出版基金办公室、中共四川省委党校以及区域经济教研部、科研处、中央财经大学博士后流动站等的指导和帮助。在研究过程中，得到了全国哲学社会科学规划办、四川省人事厅学术和技术带头人培养资金等的资助；在本书出版中，又得到了中共四川省委党校、北京市社会科学理论著作出版基金的资助，特此致谢！感谢中共四川省委党校常务副校长刘毅同志、副校长郭伟教授、副校长周治滨教授、科研处处长吴志强副教授等提供的很大支持和帮助。特别是党校提供的宽松的研究环境和条件，使得我们能较好地完成本研究。西南财经大学副校长、博士生导师丁任重教授、国家行政学院科研部郝春和研究员、中共四川省委党校区域经济教研部主持工作的副主任孙超英教授和资阳市商务局局长俞文祥同志等对本课题的研究进行了无私的指导，作者表示由衷的感谢！感谢中共四川省委党校杨伟霖副教授、舒群副教授、李慧讲师和李长咏研究生等对本课题调查研究所作出的努力。此外，在研究中还得到四川省文化厅厅长郑晓幸教授、中国人民大学区域经济研究所副所长张可云教授、中国人民大学经济学院国民经济管理系主任刘瑞教授和西南财经大学经济学院张炜教授等的指导，是他们帮助我们克服了不足，感谢他们在学术上给予的指导。在调研过程中，我们还在西部很多省区市得到了许多帮助，也一并感谢！

本课题提出的继续实施西部大开发需要进行政策调整，更多地依靠从政策倾斜到西部地区战略性产业结构布局的转变，从短期需求的财政、货币政策到长期供给的产业政策和短期需求的财政、货币政策相结合的转变以及恰到好处的人力政策的协调配合，仅是一孔之见。如果这一研究成果对学术界和实际工作部门有所裨益，那正是作者所追求的，也是本研究的价值所在。

限于研究水平和时间，此成果还存在一些不足，一是部分资料和数据收集困难，故有的地方只能用估算的办法来解决，但我们使用数字是严谨的，在应该注明的地方都尽量给予了详细的说明；二是对西部地区的战略性产业结构布局的建议尚未经过实践的检验，这只有留待今后作进一步的研究。对本书现在存在的不足，请读者原谅。同时，也非常欢迎同行提出宝贵意见！

江世银

2006 年 12 月 1 日

# 7

# 从理性预期到孔明预期*

  萌发考察预期理论史的想法是从三年前开始的。我主要是根据学校学科建设的需要而进行研究的。虽然我一直对用预期分析的方法来了解和探索当今的宏观经济现象问题感兴趣，但这都是从预期的应用角度来进行的，《中国资本市场预期》（商务印书馆，2005）就是这样的研究成果。现在，在研究各种预期问题（例如预期作用于金融宏观调控的效率分析、预期理论在宏观调控中的应用等）时，我发现已掌握的各种预期理论知识只是了解点皮毛，应用于分析是既不全面又不深刻的，有时还是很不准确的。为了解决这一问题，我认为很有必要进行预期理论发展史的考察，真正弄懂预期理论的来龙去脉。本书正是在这样的背景下进行写作的。

  在本书的写作过程中，我得到了许多人士的帮助，其中，中央财经大学博士后流动站、校外文期刊阅览室老师的大量、无私的帮助节省了我在资料查找方面的大量时间；一些预期理论专家的支持和帮助则是使本书得以完成的关键。我的博士生导师钟契夫教授、第一站博士后合作导师刘锡良教授和第二站博士后合作导师王广谦教授等分别对我的预期理论和实践研究起到了引路人和走向深入的作用。

  特别感谢四川省委党校原常务副校长姜凌教授和西南财经大学经济

  * 江世银：《预期理论史考察——从理性预期到孔明预期》，经济科学出版社，2008。这是该书的后记。

学院原院长、博士生导师李萍教授在学术上提供的指点和帮助。感谢四川省委党校学位委员会的大力支持，将其列为学位课题而给予出版资助。感谢四川省委党校常务副校长刘毅同志、副校长郭伟教授、副校长周治滨教授、科研处处长吴志强副教授、科研处科研协作科科长蒋文同志、研究生部主任李军副教授和学位办李刚同志的大力支持。有些观点是在与我指导的硕士生杨艳、陈剑等的讨论中得到启发的，可能会很不成熟。但我还是要表示感谢！对在本书出版过程中给予批评指正和减少错误的经济科学出版社第七编辑部主任漆熠女士所付出的辛勤劳动也表示感谢！在此，我向一切曾经帮助过以及将来会直接、间接帮助我的各方面人士表示衷心的感谢！

虽然本书对预期理论发展过程进行了历史考察，但限于目前的研究，因而是很不成熟的。预期理论不是土生土长的，而是舶来品。国外对此的研究开展得较早，形成了不同的预期学派理论。虽然我国现实经济活动中存在着这样的心理预期现象和问题，但是由于过去重视不够，所以，研究预期理论与实践问题，进行预期理论史的考察难度是可想而知的。研究一种新理论、进行国内外预期理论发展史的考察，并且是在很少的中文文献可供参考的情况下进行，这本身难度就很大，又希望这种考察比较完整、系统，其难度就更大了。限于篇幅，也考虑到可读性，定量分析部分十分不足。对国外理性预期学派所建立的大量数学模型和数学推导基本上只是进行了常识性的介绍，因而，这种考察还是很初步的。

虽然本书对预期理论的发展进行了历史的考察，但是，仍有许多问题还没有涉及，或者说虽有涉及，但缺乏深入的纵横比较。对于孔明预期的分析，虽然我已在《财贸经济》（2004）、《中国资本市场预期》（商务印书馆，2005）中提出了，并且对这一概念作了界定，在本书中又进一步地分析了有关孔明预期的基本理论，但是，到目前为止，仍没有完整准确地理解和运用孔明预期。孔明预期者料事如神，在现实经济生活中，真有其人吗？他们是如何进行预期的？这些都还缺乏深入全面的考究。

本书对诸多预期理论的来龙去脉进行了考察。对于基本理论和观点作了介绍和评论，可能有些理解是不准确的，有些评论是不恰当的。特别是受到自身理论水平、立场、观点、方法和个人偏好的影响，本书存在这样那样的研究不足，都在所难免。随着人们对预期理论的掌握和运用，必定会有更高和更深的认识。对于本书的诸多不足之处，欢迎同行专家和有兴趣的读者批评指正！

江世银

2007 年 11 月 6 日

# 8
# 中国金融体制改革30年的理性思考[*]

此书是在我的第二个博士后研究报告的基础上修改而成的。3年前，我从西南财经大学中国金融研究中心博士后流动站出站后，为了完成尚未做完的研究，便申请进入了第二个博士后流动站——中央财经大学金融学院博士后流动站。在此，我选择了《中国金融体制改革30年的理性思考》进行系统研究。这个选题与王广谦教授主持的2004年教育部哲学社会科学研究重大课题攻关项目《金融体制改革和货币问题研究》（项目批准号：04JZD0013）密切相关。我能顺利完成这一研究，主要得益于王老师的无私帮助和指导。特在此向王老师表示感谢！

此外，我还得到了众多老师的指点和帮助。中央财经大学的李健教授为我的入站给予了无私帮助、对我的博士后开题报告费尽了心血。中央财经大学的吴念鲁教授、校长助理史建平教授、金融学院院长张礼卿教授以及李健教授、贺强教授、张碧琼教授参加了本研究报告的开题会。中央财经大学王广谦教授及李健教授、中国社会科学院财贸所副所长何德旭研究员、中国人民大学中国财政金融政策研究中心主任张杰教授和对外经济贸易大学金融学院院长吴军教授等对我的博士后研究报告给予了学术上的指导和帮助。还有北京市社会科学理论著作出版基金评审专

---

[*] 江世银：《中国金融体制改革30年的理性思考》，京华出版社，2009。后因市场需求经适当修改以《中国金融体制改革的理性思考》出版。《中国金融体制改革的理性思考》，中国财政经济出版社，2009。这是该书的后记。

家提出了许多很好的修改意见。借此机会，向他们表示由衷的感谢！在中央财经大学作博士后研究是非常愉快的，学校为博士后提供了力所能及的研究条件，为博士后解除了后顾之忧。共同在站的几个博士后如邱海洋博士、李建军博士、刘文革博士、王威博士、石玉凤博士和李红博士等的刻苦研究精神使我终生受益。还需要感谢北京市社会科学理论著作出版基金和四川省社会科学联合会出版基金的资助！没有这些资助，要出版本书是有一定困难的。

经过 3 年多的研究，尽管我已获得了许多认识，但这些认识也还只是初步的。本书中的一些成果已在《财贸经济》《南方金融》和《云南财经大学学报》等处发表。本书中还有很多地方值得斟酌，到此只能算是暂告一段。我将继续努力！

江世银

2007 年 10 月成稿于中央财经大学金融学院博士后流动站

2008 年 10 月修改于中共四川省委党校

# 9
## 增强西部地区发展能力还应有长效办法<sup>*</sup>

本书是国家社会科学基金项目《增强西部地区发展能力的长效机制和政策研究》（批准号：07BJY072）的最终成果，是在国家社会科学基金项目《继续推进西部大开发战略对策研究——从政策倾斜到西部地区战略性产业结构布局》（批准号：05XJY014）和国家软科学课题《我国加入 WTO 后的区域战略性产业结构布局研究》（项目编号：2003DGQ3B189）基础上的进一步研究。

项目获得批准后，课题组立即进行调研。为保证课题组成员有足够的时间和精力进行认真负责的研究，课题组对成员进行了充实和调整。尽管深感压力重大，但课题组成员信心十足，知难而进。在向众多有关专家进行咨询指导下，课题组在西部地区进行了广泛的调研后，多次召开研讨会集体讨论，并对资料整理、图表设计、初稿写作等进行了合理分工。课题组成员已将部分阶段性成果在一些报纸杂志上予以发表。

随着调研和写作的深入，课题组同志发现一份研究报告难以把本项目的内容表达清楚，随即果断将之写成学术专著（经申请得到许可）。在初稿完成的基础上，课题组同志又广泛征求同行专家和实际工作部门的意见，进行反复修改，数易其稿。本项目的最终成果由中国社会科学出版社以《增强西部地区发展能力的长效机制和政策》为题在 2009 年公开

---

＊ 江世银等：《增强西部地区发展能力的长效机制和政策研究》，中国社会科学出版社，2009。这是该书的后记。

出版。总的来看，课题组已按预期研究计划按时保质地完成了任务。

本书的主持人是四川省学术带头人、中共四川省委党校博士后江世银教授。他负责拟定提纲、分工、组织调研。本书的具体分工为：导言由江世银教授撰写，第一章、第六章由李建兰副教授撰写，第二章、第七章、第八章由李慧副教授撰写，第三章由杨艳硕士和黄建华硕士撰写，第四章、第五章、第九章由丁英副教授撰写，第十章由陈剑硕士生撰写。李长咏同志参加了全课题的许多基础性工作并参与了总撰工作。

在研究中，我们得到了众多单位及领导的大力支持，特此表示感谢！四川大学原副校长杜肯堂教授、中国社会科学院工业经济研究所魏后凯研究员、中国人民大学经济学院国民经济管理系主任刘瑞教授、中国人民大学区域经济研究所副所长张可云教授、四川省社会科学院原副院长杜受祜研究员、西南财经大学中国西部经济研究中心主任张炜教授及副主任赵曦教授、原国务院西部开发办张世俊同志和中央政策研究室刘新民博士等为本书的研究提供了学术的指点和帮助。在此一并表示感谢！同时，也非常感谢中共四川省委党校常务副校长刘毅同志、副校长郭伟教授、副校长周治滨教授、教育长吴志强副教授、区域经济学教研部主任孙超英教授、科研处副处长蒋文同志以及樊小平同志、郭卫同志、邓敏同志提供的种种支持和帮助！

根据四川省社科规划办的要求，本书先经过三名专家的预评审。预评审专家给予我们的肯定和鼓励对我们是一大鞭策，他们提出的修改建议为本书解决了不少问题。此后，成果经反复修改并提交正式评审，获得了一致好评。尽管本书几经修改，然而仍有许多不足之处。恳请读者见谅。我们会继续从事西部地区发展能力问题的研究，随着实践的发展和认识水平的提高，必定会有更多的新认识。

课题负责人：江世银

2009 年 3 月 1 日

# 10

# 四川承接产业转移推动产业结构优化升级[*]

随着经济的发展和产业结构的变化，国内外对产业承接与产业转移进行了广泛的研究。四川承接产业转移实践的客观需要也促使理论界和实践工作部门关注这一问题。研究四川承接产业转移，推动四川产业结构优化升级是很值得的。一方面，它可以丰富有关产业承接和产业转移的理论；另一方面，它可以指导四川承接产业转移的实践。四川承接产业转移，是一项新的系统工程。它涉及资源的利用、环境的保护、市场的开拓等方面，不仅带来四川产业结构的变化，而且要求实现四川产业结构的优化升级。四川要抓住灾后重建和克服美国金融危机所带来的机遇，就要深入研究四川的产业承接，将产业承接与灾后重建结合起来，为未来四川产业结构优化升级和经济社会快速发展作出贡献。我们认为，四川应抓住灾后重建和克服美国金融危机所带来的契机，重新进行生产力布局，其中实现产业结构的优化升级显得尤为迫切。四川需要通过不同的区域承接不同的产业，合理布局产业，实现四川产业结构的优化升级。

本书是在四川省党校系统重大招标课题"四川承接产业转移，推动产业结构优化升级研究"的基础上修改而成的。课题主持人为四川省学术技术带头人、中共四川省委党校教授江世银博士。具体分工为：第一

---

[*] 江世银等：《四川承接产业转移推动产业结构优化升级研究》，经济管理出版社，2010。这是该书的后记。

章，中共四川省委党校教授江世银博士，第二章，中共四川省委党校王涧秋硕士研究生，第三章，中共四川省委党校讲师王小红博士，第四章，中共四川省委党校讲师严红博士，第五章，中共乐山市委党校科研科讲师马亚学科长，第六章，中共四川省委党校副教授郭险峰博士，第七章，中共四川省委党校讲师杜丽红博士，第八章，中共四川省委党校教授江世银博士，第九章，中共遂宁市委党校副教授石平常务副校长。中共四川省委党校研究生李长咏参加了本研究的调研、文字校对工作。

本书的研究得到了四川省委党校科研处的大力支持，首先表示感谢！在本书的研究中，四川大学杜肯堂教授、蒋永穆教授、姜晓萍教授，中共四川省委宣传部理论处处长王素同志，四川省社会科学院杜受祜研究员、盛毅研究员，西南财经大学李萍教授，西南交通大学戴宾教授等提供了学术上的指导，书中有的观点就是在他们的启发下获得的。在此，深表感谢！此外，四川省财政厅综合处处长任治俊、四川省人民政府研究室综合处处长钟成林、四川省发展和改革委员会项目处副处长方曦等同志，有的提供了直接的指导，有的还参加了课题的讨论，也表示感谢！当然，课题中存在的不足，主要由课题组负责！

江世银<br>2009 年 5 月

# 11

# 预期对金融宏观调控效率的影响[*]

本书是我关于预期理论与问题研究的第三部个人独著专著，是在中国博士后基金资助课题的基础上修改而成的。此前，我曾在西南财经大学中国金融研究中心做过中国博士后基金课题《中国资本市场预期问题研究》（编号：2002032206）的博士后研究，研究报告以《中国资本市场预期》在商务印书馆（2005）出版。在该书的第372页中就写道："看了《中国资本市场预期》一书的读者，再看《预期作用于金融宏观调控的效率》，或许有新的收获。"所以，本书正是在此背景下进行调查研究和写作的。

为什么这本书写作的时间比较长呢？第一个原因是，在研究各种预期问题（例如预期作用于金融宏观调控的效率分析、预期理论在宏观调控中的应用等）时，我发现已掌握的各种预期理论知识只是了解点皮毛，应用于分析是既不全面、又不深刻的，有时还是很不准确的。为了解决这一问题，我认为很有必要进行预期理论发展史的考察，真正弄懂预期理论的来龙去脉。所以，这中间又写了一本《预期理论史考察——从理性预期到孔明预期》（经济科学出版社，2008）。第二个原因是，要进行预期的量化分析是相当难的。进行预期作用于金融宏观调控的效率分析，必须借助许多经济变量而建立相关的数学模型、进行大量的数据分析。

---

[*]  江世银：《预期作用于金融宏观调控的效率》，中国金融出版社，2010。这是该书的后记。

建立相关的数学模型十分困难，因为自己的功底较浅；进行大量的数据分析，搜集数据就十分困难，因为这是对人们的心理预期进行量化分析。这既需要有理论勇气，又需要坚持下去。我算是这样做了。而至于做得怎么样，只有留给读者们去进行评判了。如果有读者读后有一点收获或启示，那说明我没有白费力气。

在中央财经大学金融学院博士后流动站期间，我得到了我的合作指导老师——中央财经大学校长王广谦教授的指点和帮助，在此特别向他表示感谢。此外，中央财经大学副校长史建平教授、金融学院院长张礼卿教授以及李健教授、李建军教授等都提供了不同形式的帮助，向他们表示感谢。还有人事处杨晓波处长，人事科唐征科长、王向文同志提供了大量支持和帮助，在此也一并表示感谢。感谢西南财经大学党委副书记杨继瑞教授、西南财经大学中国金融研究中心曾康霖教授、辽宁大学经济研究所杨玉生教授、中国人民大学经济学院副院长刘瑞教授等的指点和帮助。感谢美国德州大学奥斯汀学院的 Sarahsu 博士、李军同志和德州三立大学的江海克同志所提供的帮助。同时，也感谢中共四川省委党校经济学教研部丁英副教授提供的大量资料并进行的"预期在金融宏观调控中的特征"部分的研究。最后，还需要感谢中共四川省委党校常务副校长刘毅同志、副校长郭伟教授、副校长周治滨教授、教育长吴志强副教授、研究生部主任李军副教授、研究生部学位科科长沈超群同志和区域经济学教研部主任孙超英教授等的大力支持和帮助。感谢中共四川省委党校学位委员会将它作为研究生学位课题立项并给予的资助。本书之所以得到顺利出版，离不开这些帮助。

受研究水平和时间的限制，本书的许多观点还有待实践的检验，有的研究还只是初步的，还需要今后的进一步深入探索。特别欢迎同行提出批评指正！

江世银

# *12*

## 预期理论在宏观经济中的应用[*]

  《预期理论在宏观经济中的应用》终于完成了！这是我多年来研究预期理论与预期问题的第四部个人专著。这时，我感觉轻松了许多！因为我好多年前就在思考并研究预期问题，就有写作这本书的想法、计划和安排，直到今天才算告一段落。在我一步步走来时，如在写作《中国资本市场预期》（商务印书馆，2005年）和《预期作用于金融宏观调控的效率》（中国金融出版社，2010年）中，我却发现自己不知道预期理论的来龙去脉，于是，为了更全面、深入和系统地研究预期理论与预期问题，其间又写了《预期理论史考察——从理性预期到孔明预期》（经济科学出版社，2008）。在《中国资本市场预期》的第372页中，我说，看了该书的读者再看一看《预期作用于金融宏观调控的效率》和《预期理论在宏观经济中的应用》，或许有新的收获。这是我写作此书的初衷。至于读了这些书的作者是否真的有新的收获，这只有他们自己清楚。不过，我已经是拿出了吃奶的力气啦。也就是说，我是尽了力的。

  再者，研究预期理论及其应用，犹如有的经济学家所说的，它既是一个吸引人的课题，又是一个折磨人的课题。它吸引人，是说预期可以同许多经济变量相结合，预期有各种不同的表现、特点和影响。预期理论在宏观经济中有广泛的应用。它折磨人，是说预期理论在西方较为成

---

[*]　江世银：《预期理论在宏观经济中的应用》，人民出版社，2011。这是该书的后记。

熟，在国内尚无定论，预期涉及许多高深的数学知识，没有深厚的数学功底，就很难理解透彻。正是如此，预期作为一种心理活动，不能直接进行测量，这只有借助于一些经济变量间接地测量预期作用的大小。

除了本书中提到的静态预期理论、外推型预期理论、适应性预期理论、理性预期理论、准理性预期理论、亚理性预期理论、粘性预期理论和孔明预期理论等这些预期理论外，或许还有其他预期理论，但由于受研究视野的局限和时间的限制，本书或没有发现或没有总结提炼。预期理论在宏观经济中具有广泛的应用，除了本书所分析的投资预期、消费预期、通货膨胀预期与通货紧缩预期、失业预期与就业预期、收入预期与支出预期外，或许还有更多的应用。这样，本书分析的预期理论在宏观经济中的应用也难免残缺不全，例如外汇干预预期等，这只有留待人们今后去思考和探索。作者技止此尔。

研究预期理论及其应用，我一直得到了我国老前辈——辽宁大学杨玉生教授的指导。他不仅写过两本理性预期的理论著作，而且也发表过不少这方面的文章。可以说，他是国内研究预期理论与预期问题的权威专家。当我向他请教时，他都给予了有力的鼓励和无私的帮助。他还给我的《预期理论史考察——从理性预期到孔明预期》写过书评并发表在《学术界》（2008 年第 3 期）上。对于杨玉生先生的帮助，我深表感谢。老前辈对年轻人的这种无私帮助的精神值得我永远学习！西南财经大学李萍教授对此书提出了很多具体的意见和建议，非常感谢她的无私帮助！中央财经大学金融学院副院长李建军教授也关心着我的进步，并且经常提供力所能及的帮助。他对我的专著《预期作用于金融宏观调控的效率》给予了高度评价，认为它开拓了预期理论与预期问题研究的新领域，认为我"不愧为国内研究预期理论与预期问题的权威专家"（《求索》2011年第 1 期）。这既是一种鼓励，又是一种鞭策。当然，本书中有些值得商榷的观点，还请同仁和读者给予大力赐教。

本书在写作过程中还得到了中共四川省委党校常务副校长刘毅同志、副校长郭伟教授、副校长周治滨教授、副校长李新副教授、副校长杨颖教授、教育长吴志强副教授、研究生部主任李军副教授、研究生部学位科科长沈超群博士、区域经济学教研部主任孙超英教授和经济学教研部副主任傅泽平教授以及众多领导、同事的指点和帮助。特别是研究生部和校学位委员会的大力支持，感谢他们将之作为学位课题而给予资助出版。

非常感谢国家社会科学规划办公室和各位专家批准为后期资助课题（批准号为11FJL002）所给予的支持和帮助。这是对我多年来进行预期理论与预期问题研究力求出精品的一个鞭策和鼓励。我在后期研究上力求做到精益求精。最后，我还要感谢人民出版社编审陈寒节同志、叶桃秀同志为本书所付出的辛勤劳动。感谢我的夫人李长咏和女儿江泽晟等，是他们的鼎力相助和理解，才使我能够专心致志、一心一意、无一丝牵挂和后顾之忧地大胆地做我喜爱的事业。再次感谢所有关心、支持、帮助过我的所有的人！

# 五

## 科学发展和政策建议

# 加快县域经济发展路径的探索[*]

党的十六大以来的近四年，是我国加快现代化进程极其重要的时期。其重要特点就是对改革开放实践重新审视和对未来发展进行创新部署，一个重要方面就是对县域经济发展进行了"明确探索"。

2002年11月，党的十六大报告首次提出："发展农产品加工，壮大县域经济"。这是"县域"和"县域经济"概念第一次被写进党的重要文献。从这以后，"县域经济"被正式纳入国家经济建设和经济体制改革的范畴。到2005年10月，党的十六届五中全会通过的十一五规划建议系统地表述："大力发展县域经济，加强农村劳动力技能培训，引导富余劳动力向非农产业和城镇有序地转移，带动乡镇企业和小城镇发展。"这表明党的文献对县域经济内涵的表述不断深化，表明中央对县域经济内涵的"明确探索"的完成，意味着县域经济将进入大发展的新阶段。

县域经济是国民经济的基本单元，是综合经济实力的重要体现，在国家经济社会发展中具有基础和关键作用。加快县域经济发展，是调整经济结构的着力点，是实现区域协调发展的重点，是加快国民经济发展在落实科学发展观上的体现，是全面建设小康社会的基础，是解决"三农"这个中国最大的经济社会问题的关键，也是深化改革、扩大开放的新希望。县域兴则国家兴，县域强则国家强。从这个角度看，研究新形

---

* 余隆海：《县域经济发展论》，四川科技出版社，2006。
此文是江世银给《县域经济发展论》所写的序。

势下县域经济发展规律，深入剖析县域经济发展中的突出问题，并有针对性地提出一些可操作的对策措施，确实是一个重要而又紧迫的时代课题。

当前，我国进入了一个体制转型期，总体上已到了"以工促农、以城带乡"的发展阶段，如何发展新型县域经济，成为从中央到地方的一个极其重要的命题。在完成这个重要命题的过程中，我们必须清醒地认识到，县域经济发展所处的时代特征已悄然出现一些新的变化，这主要表现在经济全球化和区域经济一体化进程加快，今后经济空间格局必须转变政府主导型经济发展模式，坚定地向市场主导型发展；同时，服务型政府将成为一种全新的政府职能模式，市场将在资源配置中发挥基础性作用；经济的生态型特征得到凸显，经济发展必须高度注重生态和谐性，坚定不移地走可持续发展道路。在这样的新的背景环境下，加快县域经济发展，必须走出"县级政府经济圈"的误区，走出"干部经济"的误区，走出"全能经济"的误区。只有这样，才能凸现县域经济的区域化、民主化和特色性规律，实现县域经济持续、快速、协调、健康发展和社会的全面进步。

本书作者余隆海同志，近年来致力于研究县域经济发展理论与实践问题，并将研究成果公开出版。在本书中，作者首先考察了县域和县域治理的历史，在比较、借鉴、综合的基础上，系统全面地阐述了县域经济的一般内涵特点、地位作用和县域经济发展理论，分析了当前县域经济发展的宏观背景，进而重点研究了几种类区县域经济发展的模式，给出了加快这些类区县域经济发展的路径选择，具有较强的现实针对性和对实际工作的指导意义。在论述县域工业化、城镇化、农业产业化时，作者立足创新，突出特色。在关于农村经济发展一章中，着重探讨了农民增收这个县域经济发展的大课题、难问题；在关于工业经济发展一章中，运用产业集群发展理论，对如何以产业集群模式加快县域工业发展作了深入探讨。所有这些都显示出作者独特的视角和对县域经济发展现实问题的准确把握。作者在研究县域经济发展时，十分注意突破薄弱领域，例如关于基础设施建设和县域金融服务问题，这两方面是制约县域经济建设的真正"瓶颈"，没有良好的基础设施支撑，没有强大的金融支持，不可能实现县域经济的大发展。总之，该书立论新颖、结构严谨，文风朴实，内容丰实，对如何加快县域经济发展所进行的研究较为系统深入，对从事县域经济理论研究和实际工作者有较强的借鉴作用。

余隆海同志告诉我，他的学历专业并非经济类，只是由于工作需要和个人爱好，近几年有意识地致力于县域经济发展的研习。能在并不长的时间对县域经济发展的诸多专题进行如此深入研究，并取得这样的成果，实属不易！足见作者对县域经济发展理论与实践探讨的浓厚兴趣、坚韧努力和扎实功底。同时，本书的出版也向人们表明了基层社科工作者的努力方向，那就是：坚持基础理论和应用理论研究兼顾，以应用理论为主，在应用理论研究上求突破，加快对应用性、现实性、个性问题的研究，尤其是理论联系实际，研究解决事关地方改革开放和现代化建设中的重大问题。

人类社会已进入信息时代，知识经济蓬勃发展，时代的发展，社会的进步以及新时期我们肩负的繁重的建设发展任务，要求干部，尤其是领导干部争做学习型干部、创新型干部、实干型干部。从这个角度看，本书作者把加强学习作为个人修养的重要方面的做法，值得充分肯定。在"知识改变命运，学习创造未来"已升华为人类的一种生存意境和生命智慧的今天，我们有理由期待本书作者在今后的理论学习和实践工作中继续把加强学习当成一种生存方式，当成一种工作形态，当成一种人生境界，在实践中努力学习新知识，增长新本领，做出新业绩。

是为序。

江世银

2006 年 7 月 1 日

# 2

# 科学发展在基层<sup>*</sup>

深深植根于工作、生活的热土，时时关注改革、发展的社会，理论之树就能常新常青——这是每一位社科理论工作者执着的追求，也是实际工作者神圣的使命。我从头到尾读了仲平同志近几年来辛勤劳动的成果《科学发展在基层的实践与理论探索》，有不少感悟。该书与其说是作者调查研究、深入思考、笔耕不辍的结晶，毋宁说是时代催生的产物。

贯穿本书的主题是科学发展观。从改革发展的难点，到经济发展观察，再到党建优势转化发展优势的重点、社会关注的热点，作者始终强调"发展"第一要义和"以人为本"的核心地位：提出创新体制机制平台、规划好城市发展，是对城市建设盲目求大求多的一种警醒；针对小城镇建设要突出特色功能问题，提出避免千篇一律的格式化和平庸化建设；针对机构改革，疾呼不搞一刀切，而是要因地制宜转变政府职能；针对企业做大做强成为全球性的难题，提出以"中国特色"破解，则企业要练好内功，政府要以正确的政绩观来理顺政企分开；针对方兴未艾的园区建设，提出形成一区多园功能、发挥龙头企业的集聚效应；针对如火如荼的新农村建设，提出以人为本来统筹推进城乡一体化建设；针对社区建设包含更多的人文功能，提出加快建设有形社区和无形社区；针对未成年人思想道德建设关系到国家未来，提出在"以德治国"和

---

* 刘仲平：《科学发展在基层的实践与理论探索》，中国文化出版社，2012。
此文是江世银给《科学发展在基层》所写的序。

"依法治国"相结合的前提下丰富教育形式和载体;针对基层组织人才可持续发展问题,提出以资源整合培养本土村(社区)干部"永久牌"大学生作为有益的补充……凡此种种,作者的笔触总是紧扣时代的脉搏,探寻科学发展的真谛,其现实意义是不言而喻的。

支撑本书的灵魂却是编著者的良心和责任。无论是当一名人民教师、一名乡镇干部、一名县级党委部门组织干部和宣传理论工作者,还是作为县区部门负责人、绵阳市社科联副主席,仲平同志的思考和视野始终超越了工作本身,党建、经济、文化、社会、民生都成为他关注的对象和调研的范畴。对中国共产党执政的经验和教训予以深切思考,体现了一个共产党员的爱党情怀;关注提高党的建设科学化水平和转变发展方式,体现了一名普通党员对党的拳拳之心;把西部县区的发展置于中国发展的大背景下来思索,体现了作者期盼西部跨越发展的情愫;对市县发展亮出自己的想法和建议,是作者勤于思考、视野开阔的一种体现。"文如其人",由此观照出作者做人、做事的准则。做人先有良心,做事才有责任,才有良好效果,才能得到群众的认可、社会的认可。

"铁肩担得社稷道义、众手浇灌新闻鲜花"——是本书的一篇文章的标题。这是源自革命先驱李大钊修改的一幅名联"铁肩担道义、妙手著文章",是对所有著书立说者的勉励。当今社会,急功近利、投机取巧者多,能这样持续沉下心来搞系统调研和理论探索者较少,将理论成果运用于实践、从具体工作中不断总结提升的人更是不多。"道义"应是作者与读者心灵互动的一座桥梁,行正道、布仁义,也是中国发展之希望所在和基层工作落脚点之所在。由此,本书还兼具现实性、理论性、指导性和一定的可操作性特色。我衷心地希望作者能够坚持下去,继续不断地耕耘,必有更大的收获。

当然,由于长期处于基层,仲平同志在抓到了鲜活的观点和事例外,个别文章在理论深度、广度上还显得比较单薄,个别文章时效性不够,这也算是需要努力的方向吧。

如此为序,与广大读者共勉。

江世银

2012 年 6 月 24 日于中共四川省委党校

# 3

## 加快经济结构调整实现经济
## 发展方式总体转型*

在我国"十一五"与"十二五"相交之际，世界经济已逐步步入了后国际金融危机时期并将由此进入一个新的大调整时期。其间，全球经济将低速增长、供求结构将发生较大的变化，贸易保护主义倾向将日趋加强，世界经济及国际贸易的发展将更具不确定性。"十一五"期间，我国经济社会发展成绩斐然，几乎所有的指标和目标都顺利实现。但是，在创造辉煌的同时，经济社会发展中存在的问题也日益凸显。如何解决这些问题不仅成为"十二五"规划时期的重要任务，更是完成"十二五"规划面临的巨大挑战。这种挑战主要来自经济结构的失衡和经济发展方式的不合理。经济快速发展使内在结构性矛盾逐步显性化。解决结构性矛盾需要变革，只有在变革中完成转型，才能助推经济增长从"量的崛起"到"质的繁荣"。一方面，供给结构问题突出，特别是一、二、三产业比例不协调。农业基础较弱、工业大而不强、服务业发展滞后。另一方面，需求结构问题突出，投资消费关系不协调。经济增长主要靠投资拉动，导致消费低迷，内需不足。同时，城乡之间、地区之间发展失衡。经济社会发展在空间上的不平衡，使边疆稳定、社会和谐受到了严峻挑战。

---

* 此文是江世银应《四川党校报》约请而写的评论员文章，发表于《四川党校报》2010 年10 月 15 日。

为适应后国际金融危机时期世界经济的新变化，保持我国经济持续、稳定和以较快的速度增长，实现国民经济又好又快的发展战略目标，必须加快经济结构调整和经济发展方式的转变，实现经济的整体转型。因此，加快经济发展方式的转变将是我国在"十二五"期间所面临的最重大的任务。正在召开的党的十七届五中全会将在这方面作出重大决策。

转变经济发展方式就是要在集约型经济增长的基础上，逐步实现包括产业优化升级、节约能源资源、保护改善环境、分配合理、不断提高人民生活水平和生活质量在内的经济发展总体方式的历史转型。经济转型的方向是：坚持科学发展观，提升消费、扭转区域不平衡、发展科技与服务业、加强资源环境支持力度。这些转型的内容包括必须实现从技术引进依赖型经济到自主创新支撑型经济的历史转变，实现从资源高耗型经济到资源节约型经济的历史转变，实现从生产能力提高型经济到产业结构优化升级型经济的历史转变，实现从注重增长速度的高速经济增长到注重提高经济增长质量与效益的适度、稳定和持续增长的历史转变，实现从外需带动型经济发展到内需拉动型经济发展的历史转变。

在"十二五"时期，这就特别要把加快转变经济发展方式贯穿于经济社会发展全过程和各领域，提高发展的全面性、协调性和可持续性，把加快经济结构战略性调整与实现经济发展方式的总体转型结合起来。坚持在发展中促转型、在转型中谋发展，实现经济社会又好又快发展。坚持把经济结构战略性调整作为加快转变经济发展方式的主攻方向，坚持把科技进步和创新作为加快转变经济发展方式的重要支撑，坚持把保障和改善民生作为加快转变经济发展方式的根本出发点和落脚点，坚持把建设资源节约型、环境友好型社会作为加快转变经济发展方式的重要着力点，坚持把改革开放作为加快转变经济发展方式的强大动力。

总的来看，这些转型就是加快推进经济结构调整，把调整经济结构作为转变经济发展方式的战略重点，按照优化需求结构、供给结构、要素投入结构的方向和基本要求，加快调整国民收入分配结构，加快调整城乡结构，加快推进城镇化，加快调整区域经济结构和国土开发空间结构，大力发展战略性新兴产业，合理布局区域产业，实现经济社会的协调发展。只要我们按照党的十七届五中全会精神和措施奋斗下去，就会加快经济结构调整，实现经济发展方式的总体转型。

# 4

# 坚持科学发展加快方式转变[*]

踏进 2011 年，我们也踏进了"十二五"的开局之年，站在了一个新的起点上。当前世界经济缓慢复苏，我国经济发展由回升向好向稳定增长良性循环转变，发展既有机遇又有挑战。我们要抓住科学发展的主题主线，努力实现"十二五"的良好开局。

良好的开端是成功的一半。今年是实施"十二五"规划的开局之年，也是新世纪以来经济形势较为复杂的一年。国际金融危机深层次影响尚未根本消除，影响全球经济复苏的不稳定不确定因素仍然较多，国内外经济环境依然十分复杂。准确把握经济运行态势，实现"开门红"显得尤为重要。认真总结经验，准确分析形势，科学谋划发展，是当前我们最重要的任务。

回首以往，"十一五"的五年间，我国不仅取得了实实在在的发展成绩，而且积累了科学发展的宝贵经验，为在更高层次上实现更大发展奠定了坚实基础。五年的成绩，来之不易！五年的经验，弥足珍贵！如今，我们已昂首跨进"十二五"规划的开局之年，实施"十二五"规划的号角已经吹响，如何坚持科学发展，加快方式转变，为"十二五"时期发展开好局、起好步是当前我们的首要任务。

展望未来，我们信心百倍！"十二五期间，我们的发展总思路是：突

* 此文是江世银应《四川党校报》约请而写的评论员文章，发表于《四川党校报》2011 年 1 月 20 日。

出科学发展的主题，贯穿转变经济发展方式的主线，以开发开放为总抓手，坚定不移地加快发展。始终坚持在发展中促转变、在转变中谋发展，努力实现高位求进、加快发展，是四川未来五年的发展目标。让我们深入贯彻落实科学发展观，与时俱进，开拓创新，扎实工作，加快经济发展方式转变，推动经济社会又好又快发展。

我们要充分认识"十二五"发展的主题和主线，进一步增强贯彻落实科学发展观，加快转变经济发展方式的自觉性和坚定性。要坚持科学发展，加大生态保护和建设力度，在节能减排、环境治理和发展绿色经济、低碳经济方面取得更大突破。建设资源节约型、环境友好型社会，实现速度、结构、质量与效益相统一，经济发展与人口资源环境相协调，使人们在良好的生态环境中生产生活，实现经济社会永续发展。要坚持以改革创新精神破解发展中的难题，加强以改善民生为重点的社会建设，坚持把改善人民生活作为正确处理改革发展稳定关系的结合点，让发展成果普惠于民，使改革始终得到人民拥护和支持。

我们要充分认识"十二五"时期改革发展的主要任务和重大举措，进一步增强转型升级、创新发展的主动意识和创新精神。要不断促进经济发展方式由主要依靠投资、出口拉动向依靠消费、投资、出口协调拉动转变，由主要依靠增加物质资源消耗向主要依靠科技进步、劳动者素质提高、管理创新转变。要构建完善的科技创新体系，为加快推进产业发展和经济结构调整、加快发展方式的转变提供有力的支撑。要构建有利于科学发展的体制机制，强化加快经济发展方式转变的保障能力，提高地方政府转变经济发展方式的执行力。为此，在坚持科学发展、加快方式转变中应该正确处理好各方面的关系，坚持将转变发展方式与推进科技进步结合起来，将转变发展方式与提升存量、扩大增量结合起来，将转变发展方式与推进国民经济信息化结合起来，将转变发展方式与加快城市化进程结合起来，将转变发展方式与发展低碳经济结合起来，将转变发展方式与区域协调发展结合起来，将转变发展方式与优化人力资源结构结合起来。

　　"十二五"发展任重道远，未来五年将面临各种困难和挑战。我们要始终保持抢先改革的勇气、领先开放的志气、争先创优的锐气、率先发展的豪气，昂首阔步迈向"十二五"建设的新征程，全力开创"十二五"开局新局面。

# 5

# 我国消费信贷发展缓慢的原因及政策建议<sup>*</sup>

消费信贷是银行为使消费者购买商品和劳务而向其提供的贷款。国外一些国家消费信贷占银行贷款的 20% ~ 30%，而我国目前尚不到 1%。特别是，由于信息不充分等原因，我国的消费信贷发展十分缓慢。

## 一 我国消费信贷发展缓慢的原因

由于消费信贷市场信息的不完全性或不对称性，我国消费信贷市场经常处于失衡状态，消费信贷发展受到严重制约。这既有消费者方面的原因，又有银行方面的原因，还有二者共同的原因。

### 1. 从消费者方面来看

消费者具有提高消费水平的愿望。这是因为，我国是一个发展中国家，随着改革开放和经济的快速发展，人们越来越需要数量更多、质量更高的"住行用"等发展和享受需要。据中国人民银行青岛中心支行调

* 此文是江世银在《经济研究》2000 年第 6 期上发表的《论信息不对称条件下的消费信贷市场》，被国务院研究室以"研究报告"［总 80 号二〇〇〇年八月二十三日（10）号］《关于我国消费信贷发展缓慢的原因及政策建议》形式报：中央政治局、书记处各同志，中央军委主席、副主席，国家主席、副主席，全国人大委员长，全国政协主席。国务院总理、副总理、国务委员，秘书长、副秘书长。送：中办、中财办、中组部、中宣部、中研室。国办、国家计委、国家经贸委、体改办、财政部、外经贸部、人民银行、统计局、发展研究中心。获四川省政府第十次哲学社会科学优秀成果二等奖，四川省党校系统第二届优秀科研成果一等奖。《高等教育研究》2001 年第 1 期全文转发。

统处对 1000 户消费者消费信贷的调查表明，准备申请消费信贷的有 499 户，占 49.9%；不准备申请贷款的为 501 户，占 50.1%。中高收入者申请贷款消费的倾向明显高于中低收入者。在被调查的 501 户不准备申请消费信贷的人中，没有信贷消费习惯的占 20.8%；随大溜、大家都不贷款自己也不贷款消费的占 3.8%；因为收入高对未来收入不乐观、不宜贷款消费的占 38.9%；认为目前消费状况还可以，没必要贷款消费的占 24.2%；因为贷款消费本身原因的占 7.8%；其他原因的占 4.6%。这一调查结果表明，有许多因素影响着消费者消费信贷的发展。其中，消费者收入支出信息的缺乏和不确定性是其重要原因。

第一，还贷预期不确定。由于城镇居民和广大农民等消费者存在收入信息的不确定性，很难预料在享受消费信贷后是否可以保证一个适度的收入增长率，也就是能否如期归还贷款。城镇居民虽然有较为固定的收入及其增长率，但是很难预料哪一天会出现收入的不增加，哪一天生大病住院需要高额医疗费用等不确定性收支因素；农民则受天灾人祸因素的影响就更大了，由于自然灾害和不可抗力因素多，农民的收入和支出信息更加具有不确定性。在此条件下，我国发展消费信贷确实是难度很大的。至少在目前，敢于用明天的钱圆今天的梦的人仍是少数，即便银行作出了很大的利息和收益让步，消费信贷市场也很难活跃起来。

第二，消费者承受能力偏低。以购买一辆 10 万元左右的小汽车为例，贷款额按 6 万元计算，5 年还本付息，消费者每月需要支付 1200 元的还贷费用，再加上需要为此支出的燃油、税费等，每月大约 3000 元左右。这对我国目前多数消费者来说是望尘莫及的。再以购买一套 20 万元左右的住房来说，贷款额按 12 万元计算，10 年还本付息，消费者每月需要支付 2000 多元的信贷费用。这也是普通老百姓可望而不可及的。对于我国农村这个最广阔的消费市场而言，消费信贷更是难以开展。另据有关资料显示，我国城镇居民剩余可支配收入如果全部用于偿还消费信贷，只有占城镇 10% 左右的高收入家庭能承受 10 万元以上的贷款；而占城镇居民家庭约 50% 左右的中等收入户基本可承受 10 万元以下的消费信贷；还有约 30% 以上家庭根本不具有消费信贷承受能力。

第三，消费者对消费信贷额外成本高低信息不灵，消费信贷积极性受到影响。尽管银行消费贷款利息不高，对消费者具有较大的吸引力，但由于办贷费用高，加之贷款额度小，如果把费用和利息加在一起算，就变成了高息贷款。从目前情况看，材料打印制作费、估价抵押费、保险费、公证费、交通费、信息费以及其他中介费用等，一笔信贷办妥，费用需上千元，约占贷款额（平均每笔为 5 万元）的 2%，相当于同等数量的款额存期一年多的利息。而且消费者很难知道需要付出多少额外成本，以及哪些手续费和中介费真正该交。国家在此方面尚无统一的规定。

**2. 从银行方面来看**

第一，连续七次降息使银行难以实现预期的收益，存贷利差之小已经使银行消费信贷获利不大。从 1997 年开始，中国的宏观经济政策导向由治理通胀转向刺激需求。三年多来，中央银行连续七次降低存贷款利率，幅度大，频率快，目前的银行利率水平是建国五十多年以来的最低水平。

经过七次降息，银行业综合平均利差缩小 0.69 个百分点。总的贷款平均利率降幅大于存款平均利率降幅。七次降息本质上是银行向企业和消费者的让利和补贴，因而可以视作一种金融贴息。这意味着银行通过较低的贷款利息，既鼓励生产者投资，又刺激消费者消费。仅刺激消费者信贷消费这一项，银行就要减少许多利息收益。在这样的情况下，银行为了生存和发展，靠消费信贷利率的提高来增加盈利几乎是不可能的。实际上，由于连续降息以及存贷利差不尽合理，银行的盈利空间已变得十分狭小，特别是中小金融机构具有资金存差大、存贷比例低、吸存难度大、抗风险能力弱等特点，降息对其消费信贷业务的冲击更大。狭小的盈利空间无疑窒息了消费信贷的发展。

第二，我国个人收入不透明，银行承担着消费信贷风险。对银行而言，消费信贷风险是一个必须重点考虑的问题。按照国外经验，银行存款实名制、个人财产所得税制是信用消费的基础，而在我国，"单位"是个人信用的主要信息来源。由于个人信用记录无据可查，在我国申请消费信贷手续比较繁杂。银行只对能提供财产担保的个人提供贷款，而对于不能提供担保的个人一般不提供消费信贷。由于消费信贷是零售性贷款，信息不完全、不确定因素较多，银行直接与众多分散的个人打交道，涉及的对象众多，情况千差万别，很难把握其未来偿还能力。随着我国个人职业流动性的加大，其收入前景将更难以判断。我国刚实行银行存款实名制，而且在缺乏居民个人资信监督的条件下，银行囿于信息交换制度及社会信用评估制度的落后，难以了解消费者资信的真实情况，对消费者的资产负债、社会活动，甚至违法前科均无正常程序与渠道进行了解，仅凭个人身份证明、收入证明等资料对消费者信贷进行调查和审查是不全面的，更无法持续、有效地追踪其未来的收入变化。因此，银行通过获取更多消费者资信信息来减少消费信贷的运行风险，其成本将是非常昂贵的。这就大大提高了银行减少消费信贷风险的工作难度，从而使银行发放消费信贷要冒很大的信用风险。

第三，不仅消费信贷"游戏规则"的缺乏使还贷处于无序状态，而且银行在交易中的信息获取和利用的相关法律、法规不足。由于我国消费信贷市场处于起步阶段，相关法规很不完善，信贷消费者违约，银行很难做到按合同的约定处分抵押物，加上抵押物的二级市场缺乏，抵押物的处分很难做到按市价出售，即使处分了抵押物，也不一定能补偿消费者的欠款。这也是近几年银行缺乏消费信贷积极性的原因之一。

鉴于这些信息不对称和不确定因素，银行只好通过制定严格的贷款条件，减少贷款额度，缩短贷款期限等方式来规避和减少贷款风险，从而又使消费者信贷消费积极性受到影响，最终导致消费信贷难以快速发展。

### 3. 从银行和消费者两方面来看

第一，银行办理消费信贷有些操作不能自己完成。如办理汽车消费信贷的牌照、驾驶证等手续和办理房产抵押消费信贷，都要到有关部门办理抵押手续，而这些部门或因无利可图，或因有特权思想以及受行业不正之风的影响，往往不能为消费者提供优良、高效的服务，贷款买了车又不能很快投入使用，这都会降低消费者和银行对消费信贷的热情。

第二，部门、行业之间缺乏协调配合，消费信贷中的广告不真实。

银行办理消费信贷业务，除了与消费者首先打交道外，还要与商品生产部门和销售部门打交道，而这些生产、销售部门出于谋利目的，往往在商业行为中不择手段，有的甚至是利用银行消费信贷推销伪劣积压商品。销贷商为了推销自己的产品，银行为了推销自己的信贷品种，往往以夸大其辞的广告引诱消费者。有的广告名不副实，给消费者一种误导，等接受了商品或服务后，才发现大上其当。消费者一旦对原先承诺产品质量和售后服务感到不满意，就会对银行消费信贷业务失去兴趣，甚至发生法律纠纷。

可见，不仅信贷消费者和银行信息的不完全，而且消费信贷市场中借贷双方的信息不对称，共同制约了我国消费信贷的发展。

## 二 发展我国消费信贷的政策建议

信息的不完全或不对称，使我国消费信贷经常处于一种失衡状态，从而导致消费信贷需求不足，发展缓慢。要解决这一问题，涉及各方利益，难度是很大的。但是，也应当看到，在我国由于有高额居民储蓄提供的雄厚物质基础，如果再加上适当的政策措施，消费信贷的发展具有广阔的前景。现提出几点可供选择的政策措施。

第一，中国人民银行出台政策措施，规定商业银行必须充分披露消费信贷的有关信息，以便于消费者了解和对比；消费者拥有平等的信贷机会，银行拒绝消费者贷款申请要说明理由；消费者有权查阅自己的信用资料并对错误之处予以指正，有权要求对不利的信用记录作出解释。为了保护消费者的知悉权，我国应对消费信贷的费用、利息、还款方式等情况予以明确规定，让消费者拥有充分的信贷消费信息。这样，在要求银行充分披露贷款信息的条件下，国家就可以逐步放开对消费信贷利率的管制，银行可实行规定范围内的浮动利率定价，使消费者可以在对不同银行的利率进行比较的前提下使用消费信贷，充分保障消费者信贷的合法利益。

第二，在实行存款实名制的基础上实现行际联网，建立个人信用体系，使银行在掌握相对真实的个人资金状况前提下，建立以贷记信用卡为核心的消费信贷体系。建议在有关政府部门支持配合下，成立个人资信公司，实行个人信用实码制和计算机联网查询。因为存款实名制和个人资信公司使个人信用记录成为可能，越来越多的以信用卡取代现金的支付方式事实上也能够形成信用记录。贷记卡有手续简便、方式灵活的特点，能够促进消费信贷的发展。这就为银行减少消费信贷风险提供了可靠的前提。在美国，消费信贷之所以成为人们乐于接受的消费方式，除个人信用制度的作用外，也因为银行有周密的信用网络，借助于计算机等现代化管理手段，建立了一整套信用消费管理体系，银行和商家通过网络可及时了解消费者的信用情况，因而能够迅速地确定能否向消费者提供贷款。例如，美国消费者到银行申请按揭购车，银行职员立即将他的"社会安全保险号码"输入电脑，查询以往的消费贷款有无不良记录，查实能按时还款后，立即通知汽车经销商可以为其选车。我们可以借鉴西方国家在这方面的经验。

同时，为了有效地防范消费信贷风险，银行要搞好信贷风险的识别、评估、监查和报告。其中，识别和评估可通过征信和评分而取得。面对众多的个人消费信贷客户，银行在征集他们的信用资料时，宜采用通案调查的方法，即统一印制资信表格，统一让每一个客户自行填写。在此基础上通过政府有关部门协调配合，核实其真实情况，整理出系统的资料。通过丰富和健全这些资料，储入个人信息资料库。在对信贷消费者资信调查的基础上，还要对其进行量化打分和评级，然后再确定是否放贷。

第三，通过消费信贷立法，制定出信贷消费游戏规则，规范消费信贷行为，加强对银行消费信贷的监管。为促进我国消费信贷的发展，规范消费信贷行为，保护消费者和银行在信贷市场中的合法权益，我国应在《个人消费信贷指导原则》和1999年3月4日中国人民银行发出的《关于当前开展消费信贷的指导意见》的基础上完善现有的法律法规，制定和实施《消费信贷法》《个人消费信贷条例》以及相关实施细则，规范和统一各商业银行的操作，使消费信贷在法规的指导下健康发展。消费信贷业务开展得比较好的国家如美国、法国、英国都制定有专门的法律：美国 1968 年颁布了《统一消费信贷法典》（*the Uniform Consumption Credit Code*）及《消费信贷保护法》（*Consumer Credit Protection Act*）；英国 1974 年颁布了《消费信贷法》（*Consumer Credit Act*）；法国于 1978 年颁布了《消费信贷法案》。我国开展消费信贷可以借鉴他们在这方面的经验。银行和商业机构应对消费信贷的有关具体内容明确公布于众，以便消费者了解、比较各经营机构推出的消费信贷条件，从而作出有利于自己的选择。同时，实行存款实名制、建立我国个人信用评估体系让银行拥有充分的信息。

在消费信贷法规逐步完善的条件下，一方面，中央银行要加强对个人消费信贷的指导，定期总结操作中的经验并不断完善措施，解决和协调各种困难和矛盾。与之相适应，建议工商、税务、银行、保险等部门共同参与和配合，真正为消费信贷提供良好的环境条件。另一方面，中央银行也要加强对银行消费信贷的监管。银行对个人发放贷款过程中必须使用统一的精算法，把贷款费用一律表示为百分比率，张榜分布。在建立各种信用评价、担保等中介机构和置业公司条件下，在促进信用商业化的同时，使消费信用担保市场化，减少银行消费信贷风险，确保银行信贷收益。我国有些地区已经试行国际通行的消费信贷加商业保险担保的做法值得推广和借鉴。经过实践，可以摸索出一条有中国特色的消费信贷路子来。

*6*

# 四川"十一五"主导产业选择建议<sup>*</sup>

　　经过多年的调整，四川的产业结构已处于工业化和现代化的中期起始阶段，但目前仍然存在以下几个主要问题：一是由于条块分割而造成的低水平盲目建设、重复建设情况十分严重，主要产业专业化程度偏低，产业结构趋同化现象突出；二是一、二、三次产业结构仍不合理，2004年四川省第一产业比重高出全国6.1个百分点，第二产业比重低于全国12个百分点，第三产业发展也滞后；三是主导产业尚未最终形成，各行各业在总量中比例较为平均，新的主导产业形成受到了多重阻碍，产业集中度严重偏低。

　　主导产业的选择对一个省的产业结构调整和经济跨越式发展影响巨大，具有十分重要的战略意义。要改变四川省经济低水平快速增长的现状，就必须加大产业结构调整力度，困难再多、再大，也要下决心调整产业结构，尤其要采用高新技术改造提升传统产业，并大力发展高新技术产业。这应作为四川"十一五"产业结构调整和主导产业选择的重中

---

　　* 《四川"十一五"主导产业选择建议》被四川省人民政府研究室以"送阅件"〔二〇〇五年（9）号〕形式送省委、省政府领导及有关部门决策参考。主要有：省委常委，省政府副省长，省政府秘书长，省委副秘书长，省政府顾问，省政府副秘书长，省委办公厅，省政府办公厅，省委政研室，省发改委，省信息产业厅，省卫生厅，省建设厅，省药品监督管理局，省中医药管理局，省政府财办，成都人行。本文为四川省人民政府研究室对作者于2004年4月在上海三联书店出版的《区域产业结构调整与主导产业选择研究》中的摘要部分。

之重。同时，要充分开发利用四川丰富的矿物资源、水能资源、旅游资源和人力资源，加快发展以农副产品为原料的加工业，与天然气相关的化学工业，以水电为主的能源工业，以钢铁、钒钛为主的冶金工业，以旅游、信息和住房业为主的第三产业等。

鉴于四川产业结构方面存在的矛盾和问题，考虑到四川经济发展水平、外部约束条件，特别是WTO过渡期后对于经济发展和主导产业的制约，为了充分发挥四川的综合比较优势，目前四川在主导产业选择上应重点发展电子信息业、生物制药业、旅游业、住房业和金融业。

## 一　电子信息业

电子信息业具有市场需求量大、经济效益好、技术进步快、产业关联度高的突出特点，是主导产业和新的经济增长点的首选行业。随着计算机和通讯产业应用的日益普及和电子信息化进程的加快，四川电子信息产业也得到了迅速的发展，形成了进一步发展的良好基础。四川是我国四大电子工业的主要基地之一，也是国家重点扶持的电子工业生产基地，同时成都还是西南通讯枢纽。为迎接信息社会的到来，适应知识经济时代的挑战，将最具发展潜力、最具时代特征的电子信息技术与电子信息产业作为四川的主导产业是非常明智的决策。四川已把电子信息业作为"一号工程"，重点发展通信产品、软件、新型元器件及信息材料、计算机与网络产品、数字化信息化视听产品的专业化，已形成了电子信息产业基础。只要四川对电子信息产业给予足够的重视，将电子信息产业作为重点发展，四川电子信息业是可以起到主导产业作用的。

## 二　生物制药业

生物制药是新技术革命条件下发展起来的新兴产业。它的技术含量高、医药产品附加值高、产业关联度也强，可以带动相关化学工业、医疗器件工业等的发展。四川土壤、气候、雨量适宜药材生产，自古以来，四川被誉为"药材之库",药材资源非常丰富。不仅如此,四川的西药原料及其加工品也具有一定的优势,生物技术研究力量和医药工业均有一定基础,近年来医药工业发展较快。四川生物制药应集中力量开发生物技术,制取中药、新药、抗生素、生物医学材料以及改造传统制药等,形成生物制药及制品产业,在日趋激烈的医药市场中争取一席之地。

## 三 旅游业

旅游业是市场需求日益旺盛的社会综合性经济产业,在第三产业中占有重要的地位。旅游业的发展及第三产业在国民经济中的比重上升,代表了产业结构演变的方向。随着人均收入水平的提高,外出休闲旅游的人越来越多,旅游活动满足的是人们较高层次的生活需求,而高层次消费品的收入需求弹性很大,旅游业的关联性也很强,选择旅游业作为四川的主导产业,是四川产业结构向高级化演进,符合世界经济发展潮流的正确之举。四川具有丰富的旅游资源,开发潜力巨大。充分发挥四川旅游资源优势,加快旅游经济发展,尽早建成旅游主导产业,必将引导和带动四川经济结构和产业结构的调整,促进四川外向型经济和区域经济的全面发展。

## 四 住房业

住房业的发展可以带动五十多个相关部门的发展。住房业在我国市场潜力巨大,对人口众多的四川省来说更是如此。截至2004年底,四川省共有房产开发企业近3000家,从业人员200多万人,全年共完成房产开发400多亿元,同比增长14.2%,其中商品房建设投资达到2/3以上。全省新开工面积近3000万平方米。四川住房业既有巨大的需求,又有很大的市场潜力。无论从产值、利税,还是从从业人员来说,都应作为主导产业来培育。

# 五　金融业

　　四川的金融业自改革开放以来有了长足的发展，随着经济的快速发展，四川金融业对四川经济乃至全国经济的发展所起的作用越来越重要。它具有了相当基础，并具备了进一步加速发展的条件。成都的证券交易机构和股民数量在全国各大城市中位居前列，居民的投资意识、风险意识闻名全国。四川将金融业作为主导产业后，将会有更多的银行和非银行金融机构在成都设立，证券交易所、产权交易所等也有条件在成都立足。四川的各类经济组织，将通过成都发达的资本市场就地获得间接和直接的融资。四川经济的发展，很大程度上取决于四川金融业的发展。

# 继续推进西部大开发应从政策倾斜转变
# 为战略性产业结构的合理布局<sup>*</sup>

为了缩小我国东、中、西部地区发展差距、统筹区域经济发展，世纪之交，我国开始实施了西部大开发战略。中共四川省委党校江世银教授主持完成的国家社科基金西部项目《继续推进西部大开发战略对策研究——从政策倾斜到西部地区战略性产业结构布局》成果认为：已实施六年多的西部大开发政策主要依靠的是国债、转移支付和国家财政投资等财政政策并辅之以货币政策，是对西部地区实行的一种倾斜和优惠。这种政策的最初实施效果总体不错，近年来西部地区经济也获得了快速发展。但随着时间的推移，这种政策效应是递减的。由于政策实施效应的递减性，我国东、中、西部地区发展差距仍然很大。面对新形势，仅靠国家的政策倾斜和优惠是远远不够的，必须要以新观念、新思路来引导西部大开发。现在为了提高实施效应，需要采取更加有效的对策继续推进西部大开发战略，需要对过去实施的西部大开发战略进行调整，即从政策倾斜转变为西部地区战略性产业结构的合理布局，从短期需求的

　* 《继续推进西部大开发应从政策倾斜转变为战略性产业结构的合理布局》被四川省繁荣发展哲学社会科学协调小组办公室编入《重要成果专报》2006 年第 20 期，上报并送有关部门供决策参考。主要有：省委书记、副书记、常委，省人大主任、副主任，省政府省长、副省长，省政协主席、副主席。省繁荣发展哲学社会科学协调小组成员，省委办公厅，省政府办公厅，省委宣传部，省委政策研究室，省政府研究室，省社科联。此成果专报为四川省繁荣发展哲学社会科学协调小组办公室对作者于 2007 年 5 月在中国人民大学出版社出版的《西部大开发战略新选择——从政策倾斜到战略性产业结构布局》中的摘要部分。

财政货币政策转变为长期供给的产业政策以及短期需求的财政货币政策与恰到好处的人力政策等的协调配合，以此逐步缩小地区发展差距，实现西部大开发的新突破。

## 一 可供选择的西部地区战略性产业结构布局的方案设计

西部地区战略性产业结构布局的理论基础是区域经济发展阶段理论。该理论认为每个区域的发展都是有一个阶段的，落后地区的不同发展阶段需要不同的产业结构进行支撑。我国西部大开发的继续推进在客观上要求进行西部地区战略性产业结构的合理布局。

要在继续推进西部大开发过程中进行战略性产业结构布局，可以设计出一些不同的方案。第一种方案是继续维持原有的战略性产业结构分布和布局，第二种是在 WTO 条件下进行西部地区战略性产业结构布局，第三种是根据将西部地区建成为我国战略大后方基地需要而进行的产业结构的布局，第四种是在综合考虑前三种方案的条件下所进行的西部地区战略性产业结构的布局。课题组根据所取得的研究成果，主张第四种方案。它是继续推进西部大开发所应采取对策的最佳选择。因为第一、二、三种方案仅就某个方面来说是可以的，是在某种条件下的较好选择，但都缺乏综合的系统考虑。如果照这些方案实施下去，不仅西部地区，而且东、中部地区乃至全国的经济发展、产业安全等都会受到影响。更为重要的是，那样可能会使我国出现产业不安全、政局不稳定、军事不平安，不仅地区间过大的差距很难缩小，而且整个国家的生存和发展是很危险的。采取第四种方案，则可以克服这些弊端，因而是一种最佳的选择。

## 二 西部地区战略性产业结构的合理布局

进行西部地区战略性产业结构的合理布局，包括既相互区别又相互联系的总体布局和具体布局两个方面。它们不是两个阶段或两个过程，而是同一过程的两个不同方面。总体布局更带有长远性和宏观性，具体布局是在总体布局下的具体体现。根据西部地区的资源条件、产业基础和国家产业发展的需要以及上述对西部地区战略性产业结构合理布局的利弊分析，在继续实施西部大开发过程中，西部地区战略性产业结构的总体布局主要是：以石油天然气和水电为主的能源产业、高耗能产业、绿色环保产业、新材料产业、生物制药业、电子信息业、重大装备机械制造业、国防工业和交通运输业和邮电通讯业等。

进行西部地区战略性产业结构的具体布局，要在总体布局的基础上合理定位、确定具体布局目标。而要对西部地区战略性产业发展进行合理定位、确定其具体目标，就必须适应国际经济发展的总趋势和 WTO 的要求，必须把西部地区的战略性产业发展纳入全国国民经济的整个体系中，使西部地区的战略性产业发展规划具有科学性和指导性。西部地区战略性产业结构应选择绿色产业、高新技术产业（西部重点经济区）、有竞争优势的战略性产业、航空航天产业和生物制药业、电子信息业、能源产业和新材料产业等进行布局。

根据各省区市的自然资源、人才、产业基础和国家战略性产业发展的需要，可以在东、中、西部地区之间进行合理布局。根据西部地区具有丰富的能源，是原材料的供给源，作为我国战略大后方基地的需要，西部地区必须进一步加快产业结构调整的步伐，实现我国能源原材料产业向西部地区转移，实现我国东、西部地区战略性产业结构的合理布局，减少不必要的能源原材料长距离运输的现象，其战略性产业结构应选择绿色产业，高新技术产业（西部重点经济区），航空航天（河西和攀西）和生物制药业（成都、昆明和西藏），电子信息业（关中平原和成德绵乐地区），不可再生能源产业（新疆）和有竞争优势的战略性产业进行布局。

## 三 继续推进西部大开发战略的财政货币政策、产业政策、人力政策和立法政策

### 1. 继续推进西部大开发战略的财政政策

财政支持政策是指政府采取财政手段对西部地区的战略性产业形成

和布局进行支持的政策，其措施可采取实施财政补贴、政府直接投资、政府订购等具体形式。在具体开发过程中，加大对西部大开发建设资金的投入；优先安排建设项目，进一步提高中央财政在西部地区的投资比重；继续实行西部地区真正能享受的税收优惠政策；加大财政转移支付力度，扩大西部地区人口受益面；实施财政对西部地区的补贴制度等。

### 2. 继续推进西部大开发战略的货币政策

要灵活运用宏观货币金融政策这一主渠道，为西部大开发提供有力的资金支持。国家在对西部地区实施倾斜性的财政政策的同时，配套实施以倾斜性的信贷政策带动信贷资金的投入。通过金融支持为西部地区融资，这就需要制定和实施具有更加灵活、更便于操作的、恰当的货币政策。恰当的货币政策措施包括：充分发挥金融支持西部大开发政策的作用，积极支持西部地区调整产业结构，合理进行战略性产业结构布局；鉴于中央目前的政策，根据西部地区的实际，继续推进西部大开发应需要采取的灵活的投融资政策；在东、中、西部地区实行不同利率的差别政策；增加中长期贷款，支持西部地区的基础设施建设；创新西部地区战略性产业布局建设的投入机制；改善投资环境，增强西部地区的融资能力。

### 3. 继续推进西部大开发战略的产业政策

只有通过国家产业政策和西部地区产业政策（包括西部地区战略性产业结构布局政策等）的制定和实施，才能引导各种投资投向需要发展的产业特别是战略性产业，形成相配套的财政税收制度，向投资者表明国家鼓励什么产业、限制什么产业和禁止什么产业，准确传导国家宏观政策信息，引导各种投资投向国家产业政策鼓励和西部地区经济发展急需的产业领域。

继续推进西部大开发战略的产业政策需要与长远的开发规划结合起来，通过各种产业的规划来制定和实施恰当的产业政策。这种产业政策包括西部地区产业结构调整的方向、主导产业和支柱产业发展的政策，高新技术产业发展政策，战略性产业结构布局政策等。在符合国家产业发展和布局要求的条件下，充分考虑东、中部地区和自身长远发展的需要。只有这样，西部大开发才能取得预期的效果，才能缩小不断扩大的东、中、西部地区发展差距，实现各区域的协调发展。

### 4. 继续推进西部大开发战略的人力政策

实际操作时，推进西部大开发战略的人力政策可以从这些方面采取对策：优化西部大开发的创业和生活环境，做到事业留人、环境引人、优惠待人；改革户籍管理制度，放松到西部地区投资、创业和入户的限制；多形式地使用各种人才；加大对西部地区人才的教育投资和支持；继续推进西部大开发，还需要制定有利于西部地区吸引人才、留住人才、鼓励人才创业的政策。

### 5. 继续推进西部大开发战略的立法政策

由于实施西部大开发战略将是一项长期的过程，是东、中、西部地区重大的利益调整，因此，还需要抓紧制定和实施《西部开发综合促进法》、加快制定和实施《落后地区开发法》和与之相适应的一系列法律法规。

## 四 继续推进西部大开发的战略性产业结构布局政策

西部地区战略性产业结构布局基本任务是根据区内自然资源、经济技术水平的差异以及战略性产业分布的历史基础，确定西部地区的各种战略性产业的发展方向和相互联系，确定战略性产业的地域建设格局，让西部地区战略性产业结构得到合理布局，促进地区生产力布局协调合理，从而取得良好的产业空间效益，确保国家战略性产业和其他产业安全，促进西部地区经济全面发展，达到建立西部地区和谐的人地关系之目的。如果没有这样的区域战略性产业结构布局政策，区域战略性产业结构和其他产业结构是很难形成合理布局的。这样，不仅区域经济快速发展受到影响，而且整个国家国民经济发展都会受到影响，甚至会影响国家产业安全和军事稳定。西部地区战略性产业结构布局政策有利于西部地区战略性产业的健康发展和战略性产业结构的合理布局，从而有利于西部地区经济社会的快速健康发展；同时，也有利于整个国家的产业安全、政局稳定和军事平安，从而有利于全国经济的持续快速健康发展。

西部地区战略性产业结构的合理布局需要有恰当的区域战略性产业结构的布局政策。在西部地区战略性产业结构合理布局过程中，既需要发挥自组织机制的作用，又要发挥政府的引导作用。忽略前者，政府花再大的力气，其效果也不见得好；忽略后者，西部地区战略性产业结构不能得到合理布局。充分发挥了自组织机制的作用可以减少政府对西部地区战略性产业结构合理布局的引导；充分发挥了政府的引导作用，可以加速西部地区战略性产业结构的合理布局。只有这样，才能实现在战略性产业结构布局中市场自组织机制与政府引导的有机结合。

*8*

# 西部大开发新选择：从政策倾斜到产业扶持<sup>*</sup>

按：迄今为止，西部大开发基本依靠优惠政策支持。随着时间推移，政策效应呈递减趋势。在新的历史时期，西部大开发须由政策倾斜向扶持战略性产业转变，增强西部地区自我发展能力。

在新的形势和发展阶段，西部大开发应从强调政策倾斜到注重扶持战略性产业发展，引导社会资金投向符合新型工业化要求的西部战略性产业，形成一批有利于产业升级的新的投资热点，增强西部地区自我发展能力，推动经济持续快速发展。

## 一　西部大开发必须注重扶持战略性产业发展

### （一）优惠政策效应递减要求重新审视西部大开发战略

过去 6 年，为了促进西部大开发顺利推进，国家陆续制定了一系列优惠政策，最初效应十分明显。但政策倾斜效应的递减，要求重新审视西部大开发战略。西部地区无论是近期还是远期都需要大量的资金投入，

---

<sub>*</sub> 《西部大开发新选择：从政策倾斜到产业扶持》被中央政策研究室编入《经济动态》2006年第 116 期和"送阅件"［二〇〇五年（88）号］上报党中央、国务院并送有关部委供决策参考。此经济动态和送阅件为中共中央政策研究室对作者于 2007 年 5 月在中国人民大学出版社出版的《西部大开发战略新选择——从政策倾斜到战略性产业结构布局》中的摘要部分。

国家财政资金有限，难以提供继续实施西部大开发所需的巨额资金。从发展现状和趋势看，西部地区要基本实现现代化目标，需要四五十年甚至更长的时间。因此，解决西部发展过程中面临的问题必须主要依靠长期供给政策即区域战略性产业政策加以解决。今后10年，是进一步实施西部大开发战略的关键时期，要有步骤、有重点地扶持西部地区战略性产业发展，为西部地区长期繁荣稳定奠定坚实的基础。

## （二）有利于我国战略大后方基地的建立

西部大开发，不仅涉及区域协调发展，而且事关民族团结、边疆巩固和国家安全。在相对安全的广大西部地区，建设国家坚强的战略大后方。从现在西部地区经济发展状况看，其经济实力和战略性产业发展远远达不到作为国家战略大后方基地的要求。因此，扶持西部地区战略性产业，并最终形成与西部经济发展和政治安定相适应的区域战略性产业体系，是继续推进西部大开发战略的重要任务。

## （三）西部地区经济持续快速发展的要求

产业结构升级和演进是经济协调发展的基础和动力。在经济发展过程中，经济资源在各个产业的合理配置，是扩大经济规模和提高经济效益的前提。因此，在西部大开发中，要依托各类资源和产业优势，大力扶持战略性产业发展，促进资源优势向产业优势、经济优势转化，为西部经济持续快速发展提供强有力的产业支撑。

## （四）借鉴发达国家促进落后地方发展的历史经验

美国历来重视对西部、南部落后地区的经常性开发。早在二战期间，美国联邦政府就在西部地区进行大量投资，创办了许多军事工业。二战后，美国在大开发过程中积极扶持区域战略性产业发展。1965年，美国政府积极扶持阿巴拉契亚地区的能源、交通运输业和高新技术产业等战略性产业的开发和布局，后又通过了《公共工程和开发法案》，促进西部、南部地区军工、石油、化工、电子、旅游等新兴产业的发展。美国战后形成的以计算机信息产业为代表的科技革命，与西部地区国防工业相结合，极大地促进了西部地区经济的发展，特别是著名的"硅谷"等高科技产业园区的崛起，使美国西部地区特别是西海岸的大都市区成为美国新的经济成长中心。

法国在开发落后地区时，政府重点支持一些战略性产业如电力、钢铁、煤炭和通讯业的地区布局和发展。根据形势变化的需要，法国先后确定了一些新的重点支持产业，如石油化工、精密机械、电子、核能、航空航天等战略性产业，并通过政府采取多种办法引导这些战略性产业的合理布局。

发达国家的经验证明：积极扶持区域战略性产业是缩小区域经济发展差距的必由之路。因此，我国缩小东、中、西部地区发展差距的有效措施在于，通过积极扶持和合理布局战略性产业，促进西部地区产业结构的优化升级和经济的跨越式发展。

# 二　积极扶持西部地区战略性产业

## （一）积极发展航空航天产业

西部地区航空航天产业几十年来积累的资产存量和科技人才优势是其他地区难以比拟的。根据国际政治环境和国防现代化的需要，必须把航空航天产业作为西部战略性产业加以扶持，特别是在振兴航空航天装备制造业时应采取一系列具体扶持措施。今后，西部地区要充分发挥西安、酒泉、成都、西昌和贵阳等地的人才和技术优势，把发展军用航天技术和民用航天技术紧密结合起来，不断开拓新的产业领域，特别是要发展卫星测控技术、星载弹载电子设备和惯性器件的研制技术，为我国新一代战略导弹和卫星发射提供技术保障。西部地区还应利用大中型飞机制造基地的有利条件，依托西安、成都、贵州等飞机工业集团公司和西安飞机设计研究所、飞行试验研究院等一批科研单位，在保证为国防建设提供先进的高新技术军机装备前提下，采取国际国内合作的方式，加快发展新一代支线民用客机，参与大型干线飞机研制。积极开展卫星、宇宙飞船、空间站上的通讯控制设备和武器系统的预先研究，特别是利用西部地区军工优势，积极发展军用电子产品及技术。继续发展航天航海测控系统、航空航海电子系统、电子对抗、保密通信、敌我识别、远程警戒、近程火控等电子装备及其配套元器件，确保其在国内的领先地位。促进航天技术的和平利用，大力发展民用通信、导航、定位和信息传输及综合运用系统。

### （二）积极发展生物制药产业

西部地区地形、气候适宜药材生长。目前已知品种达3000多个。丰富的药材资源为西部地区生物制药业的发展提供了可靠的资源支持。发展生物制药业，除了结合西部地区丰富的基因资源及生物技术优势外，还要通过基因克隆技术、转基因技术和细胞工程技术等，在生化制品、重组疫苗、细胞移植、基因工程药物和转基因新品种等方面实施一批重大产业项目，特别是靶向药物制剂、血液生化制品、多肽、抗癌、心脑血管生化药物、生物农药和优质农作物新品种等产业项目，抓好一大批基因药物、生物疫苗、生物新药的产业项目，将西部地区丰富的中药材资源转化为产品和产业优势，并配套建设名特中药的种苗驯化基地。运用现代生物技术，培育一批抗虫、抗除草剂、抗逆的优质作物新品种，实施动物胚胎工程，再利用它们作为生物制药原材料，重点开发酶工程、发酵工程、基因工程和细胞工程，以现有的大型制药企业和生物研究机构为中心，建成我国重要的生物制药生产加工基地和出口基地。

### （三）大力发展电子信息产业

近年来，西部地区电子信息产业发展迅速，目前已形成了西安、成都和贵阳等电子信息产业基地，但西部地区内信息化基础与水平差异很大。鉴于这种情况，需要优先发展具有一定基础的信息化先行区域，加大投资，发挥其示范带动作用，由点到线、由线到面，用电子信息业发展来促进西部大开发。近期可发挥成（都）德（阳）绵（阳）高新技术产业带、西安咸阳杨凌产业带的信息化辐射作用，在此基础上进一步发展成渝走廊、河西走廊的信息化，形成西部地区电子信息业的先行区域，由此推动整个西部地区的电子信息业发展。

### （四）大加发展能源产业

西部地区拥有丰富的石油、天然气、煤和水能，开发利用这些资源将使西部地区成为全国的能源基地。此外，我国的高温地热资源主要分布在西藏南部、云南西部等省区，中、低温地热更是遍及西部各地。这是西部地区大力发展可再生能源和新能源的有利条件。但西部地区不能仅仅满足于"西煤东运""西气东输"和"西电东送"，还应注意就地转化，例如发展坑口发电、煤化工、石油化工、天然气化工等。在继续实施西部大开发过程中，西部地区能源产业布局状况主要是：煤炭主要以四川、贵州、云南和陕西等省区为主；电力主要以四川、贵州和甘肃等省区为主；石油主要以新疆、陕西和青海等省区为主；天然气主要以四川和新疆等省区为主；可再生的地热能源主要以西藏、青海、新疆和云南等省区为主。

### （五）积极发展新材料产业

经过多年发展，西部地区新材料产业已成为经济发展的重要支撑。据统计，西部地区材料产业产值已占到其工业产业产值的1/3，部分地区达到40％。丰富的资源禀赋为西部地区发展新材料产业提供了有利条件。西部地区应重点开发光电信息材料、生物医学材料、特种金属材料、复合材料、稀土材料、高性能塑料、储氢材料、永磁材料、功能材料、阻燃材料、无机非金属材料和特种功能材料等，逐步形成具有独特优势的新材料产业。

## 三 扶持西部地区战略性产业的几点建议

### （一）制定和实施战略性产业发展规划

深入研究西部地区产业发展现状和潜力，编制实施《继续推进西部大开发的战略性产业发展规划》，对西部地区战略性产业发展目标与任务、重点与步骤、方式与机制、政策与措施等重大问题进行设计。在此基础上制定和实施专项规划，明确西部大开发优先发展领域、重点开发地区、重大工程建设等。国家在制定战略性产业及其他产业的发展规划和布局，安排专项建设资金时，要充分体现对西部地区战略性产业的优先支持。

### （二）完善对战略性产业的扶持机制

首先，对于有利于增强西部地区发展后劲的战略性产业，如交通通信、新材料和新能源产业等，采取如建立专项基金、财政补助、税收返还和发行国债等形式加以支持。其次，对于能源、资源性产业及高新技术产业，国家财政应主要采取财政贴息、投资补贴和组建西部政策性开发银行等形式，加以扶持或创造有效融资条件。再次，各级财政要建立稳定的研发投入增长机制，对企业研发投入允许以较大比例直接抵扣税收。完善创新机制和市场激励，鼓励社会各界投身技术研发，尽快提高企业自主创新能力和我国产业技术水平，突破投资的技术瓶颈，形成一批有利于产业升级的新的投资热点。

### （三）建立战略性产业投资基金

发展战略性产业，提高国家技术创新能力，是国家的核心利益，需要巨额的社会先行投资。西部地区战略性产业发展应采取多种方式进行融资，其中，战略性产业投资基金是较为有效的一种，其投资方式主要有股权投资和可转换债权投资等，具有筹资成本较低、稳定性较强等优点。在进一步推进西部大开发中，要有步骤地建立和完善西部地区战略性产业投资基金并将其投向能源、通讯、电子信息、生物工程、新材料等战略性产业。设立西部地区战略性产业投资基金应按照市场化原则进行，制定一套较为完善的有效机制，最大限度地减少其投资风险，增强基金实力和可持续发展能力。

### （四）完善相关法律

西部大开发战略是一项宏大的系统工程，必须加快法制建设步伐，把党中央、国务院关于西部大开发的指导方针、战略目标、重点任务、政策措施、资金渠道、组织机构等，用法律法规的形式确定下来，把西部大开发各项工作纳入法制化轨道，保证西部大开发稳定、持续地推进。当前重点是抓紧研究起草《西部开发促进法》，同时，结合编制《继续推进西部大开发的战略性产业发展规划》，完善配套法律法规体系，运用经济杠杆、人才培养、技术开发等手段，扶持西部地区战略性产业发展，增强西部地区自我发展能力。

（中共中央政策研究室经济研究局刘新民整理）

# 9

# 遂宁主城区下的安居西部田园都市建设

## ——关于遂宁安居市区一体化的建议*

## 一　遂宁主城区下的安居西部田园都市建设的必要性

### （一）遂宁主中心与安居副中心的城市建设目标

"十一五"期间，遂宁市制定了宏伟的大城市发展战略规划。这就是以打造"巴蜀第三城"为目标，到 2010 年，遂宁中心城市人口将达到 60 万左右，全市城市化水平达到 38% 以上，进入全省大城市序列，并被纳入成渝经济区大都市经济圈。遂宁要由"小遂宁"变为"大遂宁"，由"川中"遂宁变为"巴蜀枢纽"遂宁，城市能级将上升。通过遂宁之心的聚焦、极化和扩散作用，整合各类要素，遂宁将有限的资源集中到几大重要突破上，实现"中部崛起，拥江发展"；最终通过市本级的点式突破和涪江经济带、成南经济带的轴带提升，拉动大遂宁的全面发展，实现"一环六射"的发展格局。

在中心城市的规划上，遂宁将全面推进市城区至安居区快速通道等城市基础设施建设，拓展城市发展空间和规模，形成旅游休闲度假 4 个城市功能区。从空间角度来看，安居距遂宁主城区 20 公里左右，更像遂

---

* 此文为应中共安居区委、区人民政府约请而提交的中国特色田园都市一体化建设建议。参加人员：中共遂宁市委党校原常务副校长石平副教授、中共四川省委党校郭险峰博士、杜丽红博士、严红博士和王晓红博士。执笔：中共四川省委党校江世银教授。

宁的一个县；从实际来看，安居只有镇级的发展水平，因此安居是"区的编制、县的形式、镇的底子"。安居作为一个城区，名不副实。按照"一环六射"的发展规划，安居是大遂宁城市发展的重要方向之一，而且是城区建设编制，距离市本级最近，是遂宁城市化和产业化发展的主要方向。

经过调研，我们认为，安居西部田园都市建设必须融入遂宁主中心与安居副中心的城市建设目标，即遂宁是主中心，向西部田园都市的安居辐射，带动安居的发展；安居是遂宁的副中心，接受中心城市的辐射和带动。安居西部田园都市建设必须从城市功能定位、产业布局、行政区划等方面实现遂宁与安居的市区一体化。

### （二）遂宁主城区下的安居西部田园都市建设的必要性

在遂宁打造大城市的过程中，安居的城市化发展程度直接影响着遂宁的大城市发展战略。可以说，安居作为遂宁市的一个城区，应是遂宁建设大城市的主要支撑。为了充分发挥安居"副中心"的功能，安居应该抓住千载难逢的历史机遇，主动出击，对接遂宁，把安居与市本级之间打造成为一个城市带、产业带，最终实现安居与遂宁的融城，加速安居的城市化进程，实现大遂宁的"大城市"发展战略。同时，安居也只有通过对遂宁的挂档，才能实现与成渝的挂档，大齿轮带动中齿轮，中齿轮带动小齿轮，大齿轮是成渝，中齿轮是遂宁，小齿轮是安居，因此，安居的发展首先面向的是遂宁，要主动出击，实现与大遂宁的无缝对接和挂档。

在城市发展上，安居以田园都市为发展目标，高水准、高品味的建设城镇与农村相间发展的组团聚落式发展格局，对各个聚落组团赋予特定的功能主题和不同的生态模式选择，以及与之相对应的景观规划设计，依托每种不同的资源及主题优势，形成乡村围绕城镇，城镇组团发展，各城镇功能主题化，依靠便捷的网络交通紧密连接成为一个整体的田园都市。安居副中心最终在遂宁至安居之间形成以田园景观和农业产区为基色的城市发展带，整体的景观是大片的农业田园，是农业生产区和观光区，在农业田园的景观中分布了不同产业聚集区和城镇发展区。各个城市聚落和产业集群相间分布、参差交错，通过快速、便捷的交通来连接，形成一条整体乡村化、局部城市化的带状城市——田园都市。

## （三） 中国特色田园都市的安居副中心功能

作为遂宁城市副中心的安居，其功能定位为中国特色田园都市新典范，发挥三大功能作用。第一，示范功能。中国特色田园都市示范，社会主义新农村建设示范基地（生态城市示范、休闲城市示范、乡村旅游示范）。第二，休闲功能。成渝都市圈中最具吸引力的乡村旅游休闲中心，川中最宜居的生态休闲城市。第三，辅城功能。遂宁都市区的辅城，遂宁市重要的旅游休闲中心、职业教育中心、商贸物流中心和生态产品加工中心之一。安居应把西部田园都市建设成为遂宁的副中心。

在科学发展观和又好又快发展的方针的指引下，根据遂宁发展战略，以及安居区的资源环境与发展潜力，未来20年安居区社会经济发展基本定位为：将安居区建设成中国西部生物产业基地，一个以循环经济为特征的经济发达、生活富裕、社会和谐、环境优美的绿色宜居城市。安居区将以生物产业为突破口，将生物研究、生物制药和生物农业相互结合，协同发展，乘着生物革命浪潮，建设西部生物产业基地，在西部落后地区开辟一条新的发展道路。其中，经济发达是一个动态的概念，目的是不断提升安居经济发展水平，赶上发达国家和地区的经济水平。生活富裕意味着安居在收入水平不断提高的同时，达到全面彻底消除贫困。社会和谐则意味着安居人充分就业，社会更加公平，孩子们都能上大学，人人有基本医疗保障和社会养老保障。环境优美不仅意味着安居生态环境改善，也意味着景观更加优美，更加适合人们生活居住。经过20年的建设发展，遂宁市安居区将成为中国西部落后地区社会经济发展的样板城区。

## 二　遂宁主城区下的安居西部田园都市建设的制约因素

　　回顾过去安居的发展历程，成绩的取得是在遂宁市委、市政府的领导下，安居区委、区人民政府带领安居人民顽强拼搏、共同努力的结果。在取得成绩的同时，我们认为，安居的经济和社会发展也还存在许多不可忽视的矛盾和问题。一是基础薄弱，是区的牌子，乡镇的底子，没有特色资源和品牌；二是经济结构不优化。产业结构之间，第一产业比重偏高，第二产业发展滞后，第三产业优势没有得到充分发挥；三是城镇化发展水平滞后。城镇体系比较分散，城市发展没有实现聚焦，重要中心城镇的集中度不够；四是环境承载力差。最大制约是水的制约，水的流量小、污染比较大（琼江基本为死水），水源问题比较严重；五是政策限制。安居作为一个区的编制难以享受县域的经济优惠政策，同时国家对土地政策的严格控制、银根紧缩，对安居的发展有一定的约束。

　　安居目前的发展态势缺乏与遂宁市本级对接的有效机制，融城乏力。安居作为遂宁中心城区的一个区，如果不能与遂宁市本级主动对接，将会陷入自我循环、孤立发展的传统发展模式中，从而造成经济上的边缘化，将会失去"区"的优势而沦为"县"的形式。一个城市发展不仅取决于拥有多少资源，更取决于能够整合多少资源。过去，安居"只求所有"的发展理念是有严重影响的。这就需要安居树立"不求所有，但求所用"的发展理念，不能只盯着区内资源，而要根据外部市场需求，搭建市场平台和产业平台，加强对周边地区的联系，突破自我封闭的小循环，寻求与遂宁、成渝的对接，融入成渝经济区一体化的大循环中去。安居的腹地是随着安居的发展逐渐变化的。目前，安居城市发展所影响的腹地范围有限。随着安居经济的发展和城市能级的扩大，安居的腹地将逐渐扩至乐至、安岳、潼南等临近区域，甚至会延伸到川中和成渝的范围。

### 三　遂宁主城区下的安居西部田园都市建设的有利条件分析

安居自 2004 年建区以来，发展迅速，有较强的发展势头，取得了可喜的成绩。总的来说，安居具有加快发展的许多有利条件。作为遂宁副中心的安居是一个新区，在新区的开发建设之初，安居的创业者们以超前的理念和科学的发展观，对城市的发展描绘出宏伟的蓝图，高规格策划、高起点规划、高质量建设、高水平管理，在城市建设和发展理念上有着超前的敏锐性，为安居的快速发展打下了良好的基础，具有后发优势。

安居区作为中国特色田园都市新典范的集中体现，是安居作为成渝后花园的主要载体，是外向型、国际化的生态城市和休闲城市；是安居区实施融城极化战略的集中体现，是安居区域经济发展的核心区域；是集聚安居城市和经济发展的交通轴、产业轴、旅游轴和城镇轴的复合发展轴，是集现代农业、生态工业、旅游休闲、商贸物流、教育文化等功能于一体的复合型发展区域，包括安居城区、旅游组团、人居组团、商贸组团、物流组团、工业组团等多个功能组团。安居区西部田园都市建设具有硬件和软件方面的有利条件。

安居的城市发展，首要突破的是"融城"问题。安居必须要依托遂宁主城区，融入遂宁，服务遂宁，接受遂宁的辐射。如果单纯地强化发展安居镇，就会陷入"内部循环"怪圈，形成自我小循环，这对安居的长远发展是非常不利的，是不符合安居城市和经济发展要求的。我们认为，安居在短期内必须打通与遂宁的"输血"通道，在长期内培育一个可以辐射全区的经济增长极，形成"极化"效益，具备"造血功能"。通过这条通道，安居不断地与区外进行资金流、物流、信息流，进而拉动整个安居的发展。遂宁至安居的这条轴带是安居发展条件最便利、区位条件最好的。318 国道、遂内高速等重要的交通要道纵穿而过；过军渡水利工程建成之后会拉动沿线的发展；原有机场的土地置换，也为安居在遂宁"城内"提供了一个发展的平台。这些优势条件所提供的利好，为安居西部田园都市建设、实现城市发展和经济腾飞提供了难得的机遇，是安居在短期内实现突破的重要抓手。

## （一）安居的硬件资源有六大亮点

一是区位突出。安居地处成渝经济圈的腹心，能充分承接两个城市的辐射带动。安居气候处于亚热带湿润季风地带，常年最高气温38℃，最低气温－3℃，年日照时间1334小时，是居家、休闲、旅游和创业的理想去处。

二是交通发达。三条铁路、四条高速公路横贯境内，与成都、重庆、绵阳、南充形成一小时经济圈。这为安居的西部田园都市建设提供了便利的交通网络保障。

三是资源丰富。地下天然气、盐卤储量丰富，天然气远景储量达8000亿立方米，磨溪气田可供开采储量3500亿立方米；盐卤水全市储量达250亿吨，境内达50.6亿吨，且富含有钡、锶、碘、锌等多种微量元素；天然气和盐卤极具开发价值。安居区还是省内农业产业化试点示范区之一，也是全国、全省的粮、棉、油、菜、茧、蔬菜、水果、水产、生猪等生产供应基地，地上农副产品十分丰富。劳动力密集，100公里范围内劳动力5000万人以上。

四是土地储备丰富、地势平坦。年度可用地达3000亩，在"十一五"时期的最后两年可用地1平方公里多，城区内坝地面积达7平方公里。这为安居的西部田园都市建设提供了充足的土地保障。

五是生态优良，旅游资源独特。安居区的定位是打造都市后花园，建设现代生态田园城，境内青山环绕，绿水依依，现有的数十家"农家乐"供应绿色美食，有鲜香的砣砣鱼、香糯的叫叫鸡……安居区拥有世界第一大卧佛的跑马滩风景区，四川盆地独有的平宁原始森林，建于唐代的颠师爷转世成佛的毗庐寺，还有由近万个小岛组成的麻子滩水库风景区。这些风貌独特的人文景观，如观音故里、大英死海、国宝宋瓷等形成四川省的第五条黄金旅游环线。

六是历史悠久。历代在安居建郡县达720余年之久，开皇十八年以取

"安居乐业"的吉祥寓意，将其命名为安居县，故以"安居"为名至今，安居区是明代著名女散曲家黄峨的故乡。深厚的历史文化传承是其他县区少有的。

### （二）安居的软件环境有六大优势

一是规划优势。城市建设没有旧城改造，新城规划高起点、高规划、高质量、高标准，由同济大学设计，由北京土人公司（以原生态理念）作城市景观设计，王志刚工作室作城市发展规划。这一切都将把安居打造成最适宜人居的遂宁乃至成渝都市的安居后花园现代生态田园城。

二是新建优势。安居是 2003 年 12 月经国务院批准成立的县级行政区，2004 年 4 月 26 日正式挂牌成立。安居几乎是共和国最年轻的县级区，处于兴家起步时期，各级各部门在政策上都向安居区倾斜。

三是人才优势。安居干部来自五湖四海，平均年龄只有 36 岁，干事业有激情，富有创新精神。安居人开明开放，1000 余名干部以拓荒牛的姿态进驻安居，有敢为天下先的创新精神和创业魄力，充满了生机与活力。在过去的发展中，自力更生的创业精神和强化执行力的办事效率创造了安居现象、安居经验。今后，安居良好的创业开拓精神将会为安居的进一步发展提供必要的精神支持和思想保证。

四是机制优势。近年来，为了加快安居的西部田园都市建设，建立和完善了许多有利的机制。这些机制为快干事设立，为干成事服务。

五是政策优势。在各级各部门所制定和实施的政策都向安居区倾斜下，安居政策宽松，服务高效快捷，投资门槛低，低成本优势突出。

六是治安优势。经过近几年在科学发展观指导下的和谐社会构建，安居政通人和，百姓安居乐业。不仅如此，安居执行力强，社会治安良好，人民纯朴和善。这是安居的西部田园都市建设最好的人脉条件。

总之，尽管安居区西部田园都市建设还有不少不利因素，但是也具有许多软、硬环境的优势。问题是如何克服不利因素，充分发挥自身的优势，这是每一个安居人义不容辞的责任。

## 四　遂宁主城区下的安居西部田园都市建设瓶颈问题分析

安居的西部田园都市建设离不开产业的集聚特别是工业园区的建设和安居商贸流通中心的建设，通过产业集聚而达到人口的集聚。安居工业园区发展、安居商贸流通中心建设和安居西部田园都市建设都离不开遂安大道建设。

### （一）安居工业园区发展离不开遂安大道建设

安居西部田园都市建设与工业园区发展紧密相联。安居区要发挥建区效应，着力打造川中区域性中心城市的副中心，用活政策，选好项目，大力发展一批劳动密集型、技术密集型、生态环保型农产品精深加工企业、机械加工企业和天然气化工企业。新增工业项目主要集中在区工业集中区。根据国内外产业梯度转移的趋势，安居需要进一步扩大开放，强化承接转移功能，大力吸引国外及东、中部地区的各类投资；主动与国外及东、中部地区企业开展以资源互补为主的各类经济技术合作，吸引其向园区集中转移发展。这就说明了安居工业园区发展离不开遂安大道建设。没有安居人口的集中和产业的发展，就没有遂宁副中心的形成。

### （二）安居商贸流通中心建设离不开遂安大道建设

安居西部田园都市建设不仅与工业园区发展紧密相联，而且与商贸流通中心建设紧密相关。在商贸流通中心建设上，遂宁市首先实行"巴蜀枢纽"的大交通战略，以大交通促进大商贸，利用"成—遂—渝"和"绵—遂—渝"两大经济带交叉的区位优势，以及四川几何中心的优势，做大做强商贸中心，使遂宁成为辐射川中丘区的区域性商贸中心。在商贸中心的基础上，安居向真正的区域性物流中心的方向发展，形成大物流带动大工业，大工业支撑大物流的双轮驱动的可持续发展模式。同时，发展"一环六射"的空间战略，以中心带外围，沿轴线展开，而安居就位于"一环六射"的一环和一射的位置。安居的发展要顺应遂宁市的整体发展战略，从改善大交通入手，打通物流通道，建设商贸中心，依靠紧邻重庆和连通内江的区位优势，发挥巴蜀枢纽的重要作用，大力发展大物流、大商贸等第三产业。这些目标的实现都需要解决交通瓶颈问题。这说明安居商贸流通中心建设离不开遂安大道建设。

### （三）安居西部田园都市建设离不开遂安大道建设

安居区分区规划属遂宁城市总体规划的一个组成部分，城市发展定位为遂宁市城市副中心、职业教育基地、以城市休闲旅游及生态居住为主要特色的西部现代生态田园都市。城区现有人口 3 万，根据分区规划和安居城市发展总体规划，到 2010 年城区面积将达到 7 平方公里，人口 10 万，到 2020 年城区面积将达到 20 平方公里，人口 20 万。遂宁城市至安居城市直线距离约 16 公里，原有连接道路两条，其中 G318 线总长 23 公里，路面损毁严重，不能正常通行；小遂安路总长 23 公里，由于年久失修，目前已处于废弃状态。为加强市区交通网路建设，推进市、区经济良性互动，统筹市区一体化建设，加快推进安居经济社会发展，本课题组经调查研究一致认为，从安居城区至遂宁市城区修建一条城市连接快速通道——遂安大道是非常必要的。

## 五 解决遂宁主城区下的安居西部<br>田园都市建设瓶颈问题的建议

从"小遂宁"到"大遂宁"，安居必然成为遂宁提升城市能级的重要支撑。沿国道318线，尤其是安居至遂宁的20公里的条带状区域将是整个安居未来城市发展、经济发展的重中之重，是整个安居全域最精华的地区。突破安居，首先就要聚焦这一轴带，打造这一影响安居区域发展的"金廊"。

### （一）科学合理地制定安居区西部田园都市建设规划

编制规划的依据是为了进一步发展遂宁市安居区的交通基础设施建

设，充分发挥交通运输业对国民经济发展和新区建设的支撑保障作用，适应安居区国民经济跨越式发展需要，促进新区的工业、农业、旅游业开发、发展，推动农村经济发展和农民致富奔小康，科学合理地制定安居区西部田园都市建设规划，适应都市人的需求，突出特色发展休闲农业。规划重点推进融花木种植和农业观赏于一体的云田花木精品风光带，融水产养殖和垂钓、水上游乐于一体的云峰湖旅游休闲景区，融林业生产和度假参佛、特色农庄休闲于一体的九郎山佛教文化区和金杨生态林业区，融蔬菜瓜果生产和采摘烹食于一体的龙头铺、云田绿色食品采摘园。

### （二）力争早日解决安居区西部田园都市建设所需的遂安大道建设

遂安大道项目对于安居各方面的发展具有重要的地位与作用。特别是它对安居区西部田园都市建设具有至关重要的作用。安居区委、区政府研究决定，拟从安居城区至遂宁市城区修建一条城市连接通道——遂安大道。此项目由遂宁市惠安机场建设投资有限公司负责建设。建设路线为遂宁市经济技术开发区—船山区—安居区。工程建设用地 1800 亩，新建公路 17.048 公里，路面宽度 50 米，双向四车道。工程总投资 6.32 亿元，其中地方配套 2 亿元，银行贷款 2.1 亿元，自筹资金 2.22 亿元。建设年限共 3 年，即 2009～2011 年。如果能争取到省、市的大力支持，其建设期限还会大大缩短。预计遂安大道建成后将对安居的经济社会发展，特别是西部田园都市建设产生重要的影响。

# 六

## 杂 记

# 我伴随《改革》二十年*

中国已进行了 30 年的改革。我亲身经历了中国各方面的改革。农村实行家庭联产承包责任制、国有企业进行简政放权让利到建立现代企业制度、价格管理体制从调整到放开改革、减少指令性计划的计划体制改革、建立主体多元化的投资体制改革、分级包干和分税制的财税体制改革、建立多元化的金融体系改革、实行有管理的浮动汇率制度改革，都是向市场化方向推进的。每一次改革都在不同程度、不同方面丰富了改革理论。反过来，这些改革理论又对深化改革发挥了重要作用。

伴随着中国全面改革的进行，需要总结改革中的经验和吸取改革中的教训，《改革》应运而生。诞生于改革开放大潮中的中国经济学重要学术期刊《改革》创刊 20 年来，与改革开放的中国一起成长。《改革》紧跟时代，发表了一系列很有份量的文章。短短 20 年，她已经成为独树一帜的中国经济学领域的学术名刊，其影响甚大。仅《改革》近 20 年来的首发文章就有 11 篇获中国经济学最高奖——孙冶方经济科学奖。她关注中国转型和发展的重大前沿问题，不少首发论文紧密跟进中央重大政策安排，受到众多高层领导关注和批示。她被不少省部级单位指定为调阅刊物。她获得国家期刊奖提名奖等新闻出版领域最高奖项。这是国内杂志少有的。她被《新华文摘》、中国人民大学《复印报刊资料》等权威二

---

* 此文是江世银应《改革》杂志社约请而写的做学问体会，发表于《改革》2008 年第 8 期。

次文献转载量列为专业性学术期刊第一位。

正是《改革》所发挥的作用，我也非常关注改革和《改革》。对于改革中出现的问题我免不了有些困惑或思考。为了消除困惑，我从《改革》中寻找答案。她为我释疑。为了使同行能消除困惑并为其提供改革思路上的参考，我也向《改革》投稿。2005年年底，我向《改革》投了《支付信息成本后的资本市场投资预期收益》一文。两个月过后，经过《改革》严格的匿名审稿，该文在2006年第2期发表了。《改革》定位于侧重首发原创性研究中国转型和发展前沿问题的、有相当学术质量和专业水准的文章，选题新颖，突出前沿，具有现实的针对性。这是我喜欢阅读《改革》的又一重要原因。

我既是《改革》的读者，又是《改革》的作者。我必读每期的《改革》，从中了解中国的现实和发展动向。我不仅参与了王广谦、郭田勇发表的《中国金融改革历程，1978～2007》（《改革》2007年第3期）的课题讨论，而且发表了《支付信息成本后的资本市场投资预期收益》。《改革》已成为我的学术挚友，我为之感到自豪和骄傲。

20年来，《改革》在中国经济学界产生了重要影响。我也相信《改革》会拥有一个更加灿烂的明天。作为《改革》发展壮大的见证人，提出如下三点建议：

第一，继续坚持正确的政治方向与关注学术前沿的结合。坚持正确的改革舆论导向和正确的政治方向，是《改革》历来的方向。今后，还需要继续坚持这个方向。同时，关注中国经济转型和发展、推进中国经济学的大繁荣、大发展也是《改革》出类拔萃的重要原因。《改革》应始终努力站在学术前沿、改革实践的最前列。只有这样，才会有旺盛的生命力，才会推动改革，振兴和发展中国。

第二，《改革》关注的视野还可以更宽广些。尽管中国的改革是较为全面的，但任何经济体制改革从来都不是纯而又纯的经济问题，总是与政治、文化、社会生活的各方面紧密相关的。如果仅从经济方面探索改革，这是不全面的。我们立足于经济体制方面，从不同的视角、不同的方面探讨改革问题。各方面的经济体制改革取得了阶段性的成功，但还有些深层次的问题需要研究。因此,《改革》的视野还可宽泛些,真正地使她成为一个谁也不可复制、有特色的中国经济学期刊。

第三,进一步扩大《改革》的影响力。20 年来,《改革》关注中国经济转型的规律性与特殊性,一以贯之,影响很大。学术界关注她、实际工作部门应用她,探索改革的理论与实践都需要她。今后她还需要原创性首发更多如《中国农民工问题研究总报告》(《改革》2006 年第 5 期)和《改革》社评《竞逐试验区:鲇鱼效应?骨版效应?》(《改革》2007 年第 4 期)等这样有广泛影响力的文章。《改革》不仅要影响学术界,而且要影响实际工作部门,进一步扩大在学术界和政策层面的影响力。

# 2

## 悼念我的老师——钟契夫[*]

得到钟契夫老师逝世的消息，我非常悲痛。钟老师是我人生和学问的恩师。他走得太突然了，万万没想到。

我与周志文同志是 1999 年入学的钟老师的博士生，是好友——2002 年入学的博士杨万东同志于 1 月 28 日下午告诉我一个不幸的消息，钟老师于今日凌晨五时去世了。当时，我听到这个噩耗时愣了好一阵子。为什么钟老师就走得那么快，走得那么突然呢？我几乎不能相信这是真的。过了一会儿，我给钟师母打电话，证实了这一噩耗。我说了恩师的去世太突然了，使我几乎不能相信，我对钟老师的逝世表示哀悼，愿钟师母多保重！

为什么感到突然呢？在钟老师去世的当晚，出现了很奇怪的、十年难遇的现象。我凌晨四点醒来后翻来覆去怎么也睡不着。看看表，才不到四点半，我心想还早，还要睡，可无论如何就是不能入睡。我换了张床想改变一下环境，躺在床上一个多小时，还是难以入睡。我又回到原来的床上，过了半个多小时，照样睡不着，我起床了。可起床后感觉到头昏，我想在车上开着空调可能会入睡，不知什么原因那天我就再也没睡着了。我开车上街了，街上无人。我不知道这是一种巧合还是一种预

---

\* 此文是江世银于 2007 年 1 月登于中国人民大学经济学院国民经济管理系网站以纪念钟契夫老师的。

兆。我是一个唯物主义者，从来不相信预兆，可这是事实。

我记得最近一次特地去看望钟老师时是去年6月在医院里，我简要地向钟老师汇报了我近一年来的学习、工作情况，我还赠送了我新近出版的国家社科基金课题成果《西部大开发新选择》。他当时正在吃饭，胃口很好，气色也很好，红光满面。虽说有些什么小毛病，可不像是有病的人。他依然是指导我的博士学位论文时的良好的精神状态。他的去世，我不能不感到意外。

钟老师对我的帮助太大了，我终生难忘。在我向他求学期间，他对我们要求十分严格。我看到我师兄被他生气地骂过，主要是因为没有按时完成学习任务。我也被他骂过，我做错了，是应该的，由此我终生感谢他，因为他帮助我发现了错误，使我取得了进步。他是我非常敬佩的好老师。不仅如此，我的博士学位论文《区域产业结构调整与主导产业选择研究》被纳入上海三联书店"当代经济学前沿系列丛书"出版，我请他作个序，他欣然同意并给予实事求是的评价。后来，我送他几本书时，他非常高兴，并对有些书写了书评发表在刊物上。我受到了鼓舞，后来更加努力钻研。我已经打算好如果出差到北京，我还要去看钟老师，将我最近出版的《预期理论史考察——从理性预期到孔明预期》当面赠送他。可这是永远不可能的了。

还记得博士学位论文答辩当天，他对我说了"青出于蓝而胜于蓝"的话勉励我。虽然我可能一生难以做到，但我一直是以他的话作为奋斗努力的动力和压力。

钟老师不仅在学业上帮助我，也在生活上关心我，有时嘘寒问暖，有时讲一些题外话，使我感到学习轻松愉快，对未来生活充满美好憧憬。他知道我在读博期间爱人要生小孩，是快近不惑之年的人了，很不容易，家庭有不少实际困难。他不仅勉励我，而且关心帮助我。我感激不尽。他是个非常乐于助人的人。

在钟老师身上，我得到了太多的东西——生活的真谛、学业的进步、生活的希望等等。正是如此，我出差到北京，只要一有空我都要到他家向他及其师母问一声好。感谢钟老师对我的支持和帮助！

# 3

# 在美国作访问学者的体会*

2012 年 4 月至 9 月，受学校的选派，我去了美国乔治亚大学（UGA）作访问学者半年。UGA 大学于 2012 年 5 月 2 日登出国际中心欢迎来自四川行政学院的两名经济学访问学者的新闻。其中，所见所闻，谈点粗浅体会。

## 一　主要的学术交流

我非常珍惜这次难得的机会。我得到了 UGA 方的大力支持和帮助，参加了各种学术活动，听了学术报告，听了课，认识了很多同行。参加的研究访问活动主要有：

第一，参加 UGA 小班的历史文化学术课程研讨。参加者主要是 UGA 的教授、社会评论员、国际学者（如印度的专家）等。与会者探讨了美国奴隶制度对当前美国文化和经济的影响。有学者认为在现代社会或多或少都存在被奴役的现象，例如，我们现在是电脑的奴隶、网络的奴隶、新闻传播的奴隶等等。我们根本没有真正的自由，自由都是相对的。

第二，访问 Carl Vinson Institute of Government 的财政分析师 Kris Sikes 博士，与其学院国际中心主任 Rusty Brooks 博士一起研讨了美国财政现状

---

* 此文为江世银于 2012 年 4 月至 9 月由中共四川省委党校、四川行政学院选派去美国乔治亚大学（UGA）作了半年访问学者回国后提交的体会报告。

和政府管理等问题。他们都十分注重量化分析。政府依据数量分析结果做出决策。这和国内经济研究有所差异。这个讨论使我很受启发。此外，我还随上海行政学院代表团参加了 Wes Clarke 博士的《美国联邦、州和地方政府的政策制定与分析》、Philip Boyle 博士的《从基本准则的角度看美国政策制定》、公共服务专家 Rob Gordon 的《公共政策制定和执行的财政影响分析》和 Kris Sikes 博士的《公共政策带来的意外》等学术专题报告会。

第三，与商学院的访问和交流。在商学院，我与 UGA 的 TERRY 商学院副院长 Daniel Feldman 教授、经济系主任 Cornell 教授和副教授 Taoshu 博士等进行了学术交流。Daniel Feldman 介绍了组织行为学、经济心理学在美国的研究现状和方向，并且还介绍了美国次贷危机下的就业和经济状况。我们就共同关心的就业心理预期进行了交流。我还获得了他的赠书。与经济系主任 Cornell 教授就通货膨胀预期管理、人口比例问题进行了交流。他认为通货膨胀预期很值得管理。美国男女人口比例为 49.1:50.9，黑人女性比例又高于男性，这不利于经济社会的发展与稳定。访问 TERRY 商学院在美国顶级杂志上发表了 4 篇文章的 Taoshu 副教授，他就自己研究的微观金融进行了详细介绍。我们探讨了共同基金在美国的运作现状、美国金融市场的特点、个人投资者风险偏好等问题。我向他赠送了我的个人学术专著《预期作用于金融宏观调控的效率》进行交流。

第四，到纽约、华盛顿、洛杉矶等地实地考察。我利用节假日到纽约、华盛顿、洛杉矶和亚特兰大等地实地考察并同一些专家进行了研讨。我不仅参观了哈佛大学、耶鲁大学、普林斯顿大学、斯坦福大学和麻省理工学院等大学，还在有些学校进行了交流，深切感受到了美国古老的世界一流大学的学术氛围。纽约高度发达的金融中心、华盛顿专有的首都功能、洛杉矶和亚特兰大的区域发展中心带动作用、波士顿的历史文化名城等见闻使我感慨万千。

# 二 几点体会

第一，如果做学问仅仅停留在国内，也许在国内是领先的。可是，一旦越过国界，领先的学术地位和水平不一定就是领先的了。美国有许多值得学习的东西。例如，有适合美国的先进制度即三权分立的政治制度，有私有财产神圣不可侵犯的经济制度，有先进的科学技术的创新机制，有特有的文化制度。虽然中国是一个文明古国，但是，不少现代科学技术中国比美国晚很多年。美国日常生活设施高度自动化，无论水电和房租上交，还是超市的管理、交通的管理、学校的管理等等都是电脑控制，自动化处理，机器管理的比人管理的多，而且证券化非常发达。这些很值得我了解。宋氏三姐妹的父亲宋嘉树就送她们到我做访问学者的乔治亚州梅肯市留学，我感叹不已。虽然今天这不算什么，但这是100多年前啊。今天，中共四川省委党校也开先河送出两名访问学者（另一名是尹宏祯博士）到美国，这可以说是党校创建一流学府的重要举措，是近年来党校工作创新的表现。国内高校中多数学校要求年轻教师晋升职称尤其是晋升教授都要有出国经历。虽然党校有自身的特点，过去与国外短期交流已不少，但越来越多的学员有国外工作或求学经历，教师都难有访问学者这样的经历，你的讲课难以让他们信服。

第二，虽然美国有许多值得学习的东西，但有许多东西不适合中国。中国难以实现高度自动化，因为中国的人口太多，需要就业，例如转变经济发展方式需要处理劳动力过剩条件下的传统发展方式与现代发展方式一样。美国的人居生态环境相当好。一般的穷人居住在城市的闹市区，富人多数住在郊区。美国实现了真正的城乡统筹和人与自然的和谐发展。中国虽然面积与美国相差不大，但可利用面积少得多，特别是中国人口太多，不可能有美国良好的人居生态环境。美国在这方面没有太多可供中国学习的东西。试想，如果中美的人口刚好相反的话，那么，中国的人居生态环境比美国的还好。虽然美国收入高，但是消费也高。例如，美国副教授的法定收入只能达到中产阶级水平。我认识一位教授的夫人还打两份工贴补生活。美国生活成本较高。由于制度、体制、机制及历史、基础和人口的不同，所以，中国的义务教育制度、医疗保障制度、其他社会保障制度等在短时期内不可能像美国那样。正是如此，美国有许多东西不适合中国。中国的发展只有根据中国的国情进行。

第三，再大的困难都阻挠不了我要为国争光、为党校的学术地位与水平提升而献力。在此做访问学者，我自身的问题多，困难重重。一是认识上的问题。我总认为自己都快到知天命之年了，英语都忘记了，吸收新的东西既难用处又不大；二是家庭上的问题。今年出国期间正值我的女儿"小升初"的关键时期，如果错过为她提供良好学校的机会，我可能一辈子会自责；三是经费上的问题。尽管学校已尽了最大努力，提供了最低生活费，但自己还是要贴补相当一部分。仅一餐吃一把自己作的菠菜要花近 30 元，两餐就会吃去一棵 60 元的大白菜。有次出图书馆晚了，吃了一餐称重量的全素菜饭收了我 20 美金。要贴补太多我还真有点舍不得；四是接待上的问题（怕麻烦美国校方）。因为作访问学者，就要交流，需要得到帮助，不好意思给人家添麻烦。如果就个人来说，我越来越没有更多的外出作访问学者的愿望。但是，为了党校工作的需要，我非常乐于奉献。所以，尽管困难重重，但我下定决心要力争做好，再大的困难都能克服，什么都阻挠不了我要为国争光、要为党校的学术地位与水平提升而献力。

## 三 一点建议

在国外访问学者代表党校的学术水平和形象，需要一定的门槛，如年龄、学历、职称、外语和学术功底等。如果门槛太低了，这对党校形象是不利的。建议学校今后继续通过竞争选拔派出访问学者。年龄在 30～45 岁之间，学历一般为优秀的博士及特别拔尖的硕士、学士，职称为教授和优秀的副教授，外语基本能作到听说读写译五会，学术功底较深厚和有培养前途等。多数高校要求有留学或访问学者经历，个人才能在国家或省里申请经费。学校的经费支持可采取以当地最低标准全额和定额支持相结合的方式。对于学校工作特别需要或个人特别优秀的学者提供全额支持。学校对于工作确实需要但又受经费局限的提供80%、访问学者自负20%为宜。根据学术交流和党校工作需要，我的一点建议是：学校领导、专家学者需要多与校外机构联系和交流，搭建平台，提升党校的学术水平和办学水平；作访问学者需要一定的门槛；学校领导带队到外派的访问学者所访问之处了解实际困难并努力解决。

感谢中共四川省委党校给我提供作访问学者的难得机会。

# 曹康森著作集

## 续集

### (一) 金融与经济社会发展

曹康森 著

敬赠 江世银 老师
存念 曹康霖

中国经济出版社
CHINA ECONOMIC PUBLISHING HOUSE
北京

**图书在版编目（CIP）数据**

探索经济学的路径／江世银编著．—北京：社会科学文献出版
社，2012.12（2014.8 重印）
　ISBN 978 - 7 - 5097 - 4078 - 1

　Ⅰ.①探…　Ⅱ.①江…　Ⅲ.①经济学－文集　Ⅳ.①F0－53

　中国版本图书馆 CIP 数据核字（2012）第 302981 号

**探索经济学的路径**

编　　著／江世银

出 版 人／谢寿光
出 版 者／社会科学文献出版社
地　　址／北京市西城区北三环中路甲 29 号院 3 号楼华龙大厦
邮政编码／100029

责任部门／经济与管理出版中心（010）59367226　　责任编辑／许秀江　仇　扬
电子信箱／caijingbu@ ssap. cn　　　　　　　　　　责任校对／王　亮
项目统筹／恽　薇　　　　　　　　　　　　　　　　责任印制／岳　阳
经　　销／社会科学文献出版社市场营销中心（010）59367081　59367089
读者服务／读者服务中心（010）59367028

印　　装／北京京华虎彩印刷有限公司
开　　本／787mm×1092mm　1/16　　　　　　　　印　　张／15
版　　次／2012 年 12 月第 1 版　　　　　　　　　　字　　数／217 千字
印　　次／2014 年 8 月第 3 次印刷
书　　号／ISBN 978 - 7 - 5097 - 4078 - 1
定　　价／45.00 元